本书系内蒙古自治区高等学校教学改革科学研究
2019NMG006) 的研究成果。

现代大学英语课程教学改革的多元探索

李冬梅　著

北京工业大学出版社

图书在版编目（CIP）数据

现代大学英语课程教学改革的多元探索 / 李冬梅著. — 北京：北京工业大学出版社，2021.5
ISBN 978-7-5639-8006-2

Ⅰ. ①现… Ⅱ. ①李… Ⅲ. ①英语—教学改革—研究—高等学校 Ⅳ. ①H319.1

中国版本图书馆 CIP 数据核字（2021）第 111790 号

现代大学英语课程教学改革的多元探索

XIANDAI DAXUE YINGYU KECHENG JIAOXUE GAIGE DE DUOYUAN TANSUO

著　　者：李冬梅
责任编辑：李倩倩
封面设计：知更壹点
出版发行：北京工业大学出版社
（北京市朝阳区平乐园 100 号　邮编：100124）
010-67391722（传真）　bgdcbs@sina.com
经销单位：全国各地新华书店
承印单位：涿州汇美亿浓印刷有限公司
开　　本：710 毫米 ×1000 毫米　1/16
印　　张：13
字　　数：260 千字
版　　次：2022 年 7 月第 1 版
印　　次：2022 年 7 月第 1 次印刷
标准书号：ISBN 978-7-5639-8006-2
定　　价：88.00 元

作者简介

李冬梅，女，1979年7月出生，内蒙古工业大学讲师，硕士研究生。主要研究方向：英语语言学、大学英语教学、英语教学与跨文化交际。近年来主要讲授大学英语、英语口语等课程。曾以第一作者的身份在《智能与模糊系统杂志》（*Journal of Intelligent & Fuzzy Systems*）、《新闻战线》等期刊及各类学报上发表论文10余篇；2020年在外研社主办的“教学之星”大赛中获得全国复赛一等奖；指导学生在2020年内蒙古自治区大学生英语写作挑战赛中获得二等奖；主持完成自治区级项目1项，校级项目1项；参与省部级课题多项；参编教材多部。

前　言

随着经济全球化的发展，英语在对外交流中的重要作用日益凸显。中国经济的快速发展使得越来越多的企业走向国际市场，而且越来越多的国外企业也把注意力投向中国市场。为了进一步提升我国在世界舞台上的地位和作用，我国需要与其他国家在各个领域不断进行交流与合作，而英语作为国际通用语言已经成为各国之间相互交流的桥梁，因此，我国更加重视培养综合型、实用型的英语人才。相应地，英语教育也越来越受到重视。在目前教学改革的背景下，如何提高大学生的英语水平、改善大学英语教学质量已经成为大学英语教学研究的重点和难点。

改革开放以来，我国的英语教育规模不断扩大，教育教学取得了显著的成绩。英语课程改革的重点就是要改变英语课程过分重视对语法和词汇知识的讲解与传授、忽视对学生实际语言运用能力的培养的倾向，强调课程应从学生的学习兴趣、生活经验和认知水平出发，倡导体验、实践、参与、合作与交流的学习方式和任务型的教学途径，发展学生的综合语言运用能力，使语言学习的过程成为学生形成积极的情感态度、主动思维和大胆实践、提高跨文化意识和形成自主学习能力的过程。但就目前英语的教学现状而言，其教学改革之路走得并不平坦，究其根本，就是很多教师对教学改革创新的认识不够。因此，对英语课堂教学方法创新的必要性进行研究，以深化教师对教学改革的认识，从而有效推动课堂教学改革的进行，是十分有必要的。

本书共七章。第一章为大学英语教学概述，简要介绍了大学英语教学的内涵、目标、原则和理论基础；第二章为大学英语教学改革，首先进行了大学英语教学改革综述，接着介绍了大学英语教学观念和内容的改革、方法和手段的改革、场所和考试形式的改革等内容；第三到六章分别从听力、口语、阅读、写作等方面详细论述了大学英语教学面临的问题以及如何进行教学改革；第七章为多元教学理论下大学英语教学改革，笔者结合新课改、多模态教学、课程思政、教育生态学等教学理论，探讨了大学英语课程教学改革的路径，为进一步加快课程教学改革提供了理论支持。

本书在继承传统的基础上，充分吸收了最新的研究成果与理论。笔者希望本书能为从事大学英语教学工作的同行和英语学习者提供借鉴，并能对大学英语课堂教学改革有所帮助。

笔者在撰写本书的过程中参阅了大量相关资料和文献，同时为保证论述的全面性与合理性，引用了许多专家、学者的观点，在此谨向他们表示最诚挚的谢意。由于笔者水平有限，书中难免存在不足之处，恳请广大读者不吝指正。

目　录

第一章 大学英语教学概述

大学英语教学是我国培养英语人才的重要途径，在跨文化交流不断加强的社会背景下具有十分积极的作用。语言带有时代适应性与更新性，会在多种因素的作用下进行革新。因此，大学英语教学也需要根据语言的发展进行变革，从而更加迎合社会的需求。本章作为起始章节，首先对大学英语教学的基础知识进行总结。

第一节 大学英语教学的内涵

一、教学的定义

大学英语教学是整体教学的重要组成部分。在进行系统分析之前，我们首先有必要了解一些教学的相关定义。

我国学者胡春洞认为，“教学”应该包含两个层面的关系。

第一，教与学是一种并列的关系。

第二，教学是一种教授学习的使动关系。

通过对上述定义进行分析可以看出，教与学息息相关，二者有着双向的互动关系。学习是教学的基础，教学是学习的目标。

字典中给出的教学的定义：教师把知识、技能传授给学生的过程。这是对教学的狭义定义。

上述对教学定义的表述各有侧重，笔者认为教学应该包含三个方面的特性。

第一，教学（teaching）。

第二，“教”与“学”（teaching and learning）。

第三，教如何学习（teaching how to learn）。

二、大学英语教学的属性

大学英语教学既是一种语言教学，又是文化的教学。下面对这两种属性进行说明。

（一）大学英语教学的语言属性

英语是世界通用语言，对其的教学是一种语言教学，这是英语教学的本质属性。语言教学，顾名思义，就是为了培养和提高学习者的语言能力而进行的教学。大学英语教学是我国重要的外语教学。

进行外语教育，需要对外语基础知识进行教学，从而夯实学生语言学习的根基，对学生语言应用能力的提高也大有裨益。大学英语教学作为重要的语言教育方式，其本质也应该是提高学生的英语语言综合应用能力。

需要特别说明的一点是，一部分专门进行语言知识研究的工作并不是以语言应用为目的的，因此其并不属于语言教学的范畴，例如，古希腊语研究、古汉语研究、古英语研究等。

（二）大学英语教学的文化属性

文化孕育语言，语言反映文化。语言和文化有着密切的关系。在英语教学的过程中，培养学习者的文化思维也十分重要。英语教学的文化属性启示教学工作者应该重视文化的影响，从而帮助学习者提升跨文化交际能力。

三、大学英语教学的定位

对大学英语教学定位的了解对教学的实施有着根本性的决定作用。只有定位得当，大学英语教学才能发挥其满足社会需求的作用；如果定位不当，人才培养就不能紧跟时代的步伐，人才的实用性差，必然会被社会淘汰，整个大学英语教学的意义也难以突出。

大学英语教学是我国外语教育的重要组成部分，因此在整体上也带有传统英语教学的共性，主要包括以下几个方面。

第一，教学规模大。

第二，教学多元化。

第三，教学规划不足，布局不够合理。

这种模式下的大学英语教学出现了费时低效、哑巴英语等问题，所培养出来的学生不足以应对跨文化交际中的语言问题。鉴于此，大学英语教学在进行教学定位的过程中应该注意以下几个问题。

第一，注重教学的地域性与学科性。

第二，注重教学的需求性与前瞻性。

第三，注重教学中的师资建设。

在教学改革的背景下，大学英语教学需要提升人才的语言应用能力，注重教学与社会的联系。我国学者戴炜栋指出，大学英语教学应该建设具有中国特色的“一条龙”英语教学体系，使教学贯穿起来。在连接教学和基本社会情况的前提下，力求建立一种多元的英语教学模式。

大学英语教学是师生共同作用的教育活动，需要教师对学生进行引导，也需要学生进行主动的学习。检验大学英语教学的成果需要以教学目标的实现为标准。

总体来说，大学英语教学是师生共同完成预定任务的双边统一活动。具体来说，大学英语教学的内涵主要包括以下几方面的内容。

第一，大学英语教学带有目的性。大学英语教学根据不同的教学阶段划分出了不同的教学目标，而具体的教学目标又带有层次性和领域性。

第二，大学英语教学带有系统性和计划性。它的系统性体现在教学的管理者和制订者上，主要包括行政机构、教研部门和教学管理者。大学英语教学的计划性指的是对英语基础知识进行的计划性教学。

第三，大学英语教学的实施需要采用科学的教学方法和技术。英语教学历史悠久，在实施过程中形成了大量的教学方法。随着现代科学技术的发展，大学英语教学科研借助的教学技术也相应增加。

鉴于此，大学英语教学可以被概括为：教师在教学目的和教学目标的指引下，在有计划的系统性过程中，借助科学的教学方法和技术，对英语基础知识和英语文化进行的教学，以期促进学生的整体素质和英语语言能力的提高与发展。

第二节　大学英语教学的目标

通过上文对大学英语教学内涵的总结可以看出，大学英语教学并不是单一的语言工具教学，它也是语言文化的教学，是对学生跨文化交际能力培养的过程。随着我国对外交流的扩展，大学英语教学对于提高我国人民的英语能力，提升中国文化软实力的作用愈加显现，对于提升我国的国家形象也大有裨益。总体来说，大学英语教学的培养目标主要包括以下两个方面。

一、培养文化意识

在进行大学英语教学的过程中，需要明确母语文化和目的语文化的定位。

中华文化是世界文化中的珍宝，在人类文明中占据着重要的地位。大学英语教学在内容的安排上也应该涉及中国文化。在跨文化交际过程中，如果交际者不了解自身的母语文化是无法进行长久交谈的。可以说，母语文化是进行跨文化交际的根本。但是，在具体大学英语教学中进行中国本族文化的教学似乎有点本末倒置，鉴于此，教师可以通过母语文化英译、文化对比等内容展开母语文化的学习，同时也能在一定程度上提升学生的文化对比能力。

在许多国家，英语是官方公认的通用语言，并已成为全球性的国际通用语言。随着英语使用范围的扩大，其在交际中的传播与媒介作用也愈加凸显。鉴于此，大学英语教学必须紧跟时代发展的步伐，扩展具体的教学内容。

只有了解了英语国家的文化，学生才能更加深刻地理解母语文化。从这个意义上说，大学英语教学在文化传承上也有着重要的媒介作用，需要学生在认识本国文化的基础上，积极吸收不同国家文化的精华，从而为日后的跨文化交际打下良好的基础。

二、培养语言能力

文化的学习是为语言的应用服务的。大学英语教学在培养人才的过程中还需要注重对学生语言能力的培养。具体来说，大学英语教学需要让学生具备以下三个层次的能力。

（一）使用英语表述母语文化的能力

大学英语教学的人才培养的第一层次是使学生能够使用英语对自身母语文化进行表述。

中国文化在国际上的传播需要提升本国文化的发言数量与质量。在国际舞台上，交际者能够使用英语对母语文化进行阐释和表述，便增加了文化的传播性与宣传性。这种母语文化的表述也在一定程度上提升了我国的文化软实力。

（二）深刻理解英语文化的深层内核的能力

大学英语教学的人才培养的第二层次是使学生了解目的语文化的深层内核。这种对目的语文化的了解需要学生具备一定的目的语文化理解能力，在交际中能够有意识地减少或避免文化交流障碍。

（三）参与跨文化交际的能力

大学英语教学的人才培养的第三层次是使学生成为跨文化交际的具体参与者，从而能够以客观的态度审视目的语文化和母语文化，在交际中做到不卑不亢，争取自己的话语权。

这种文化态度带有“旁观性”，能够提升交际者对文化的审视能力，既能了解目的语文化中的优秀部分，也能以客观的态度分析本国文化。

哈佛大学前校长德雷克·博克指出：“教会学生如何在多元社会中生活，是大学义不容辞的责任。”大学英语教学应该明确自身的桥梁意识，培养具有文化批判力与创造力的英语人才。

第三节　大学英语教学的原则

大学英语教学的实施需要教师在科学的教学原则的指导下安排教学活动。正确理解和全面贯彻这些教学原则是教学任务完成的重要保证。

一、交际性原则

英语教学的最终目的是使学生能够具备使用英语进行交际的能力，因此交际性原则是大学英语教学的重要原则之一。具体来说，遵循交际性原则需要教师注意以下几个方面。

（一）重视英语教学的交际工具作用

英语是进行语言交际的重要工具，英语教学的目的是使学生了解和掌握这种工具。

在大学英语教学中，交际性原则要求教师以交际性为目的进行教学，同时也要求学生以交际性为目的进行学习，在课堂上多进行交际性语言操练，将教学活动和语言应用紧密结合，从而切实提高英语交际能力。由于我国缺乏英语使用的相关语言环境，因此课堂教学中的师生交流成了重要的语言交际活动，也成了大学生语言应用的重要渠道。鉴于此，教师可以利用相关教具，为学生创造适当的场景，协助学生利用英语进行真实或逼真的语言练习。这种教学不仅带有实用性，同时也能引起学生的兴趣。

（二）重视语境的影响

在我国传统的大学英语教学中，很多教师偏重基础语言知识的教学，这种教学模式下培养的学生并不能具备良好的语言交际能力，也不能在交际场合中灵活使用英语进行交际。语言的使用是在一定的语境中进行的，语境具体包括交际的时间、地点、交际者、交际方式、谈话主体等。在不同的语境作用下，相同的话语也可能产生不同的交际效果。因此，大学英语教学中教师需要重视语境的影响，培养学生的语境适应性与灵活性，为学生日后的语言交际打下良好的基础。具体来说，在教学过程中，教师可以设计不同的语境体验活动，使学生明白不同语境下语言使用的总体规范。

（三）重视语言教学的生活性

大学英语教学是为了学生的生活服务的，因此在教学中需要重视教学的生活性。教师可以将教学内容和学生关心的话题进行整合，给学生提供充足的、内容丰富的学习资料。这些教学内容由于与学生的生活息息相关，会引起学生的共鸣，最终调动学生的学习和参与意识，促进教学效果的提高。

二、真实性原则

大学英语教学的真实性指的是教师的英语教学需要体现英语本族语真实的语言使用环境，并据此设计教学内容，展现英语的语言交际场景、社会文化等。

英语教学中的真实性需要体现在教学的各个环节中，以培养学生的语言综合应用能力为总目标，同时利用交际法和任务法展开教学，力图使学生在真实的英语环境中提高自身的语言应用能力。具体来说，真实性就是指语用真实。教师在教学中应该做到以下几个方面。

（一）把握真实的语言运用目的

语言交际目的是进行交际的前提。真实的语言运用目的是提高学生参与性和培养学生语言运用意识的重要保证。

（二）采用语用真实的教学内容

由于语言教学的特殊性，其教学内容不仅包括课文教材，同时还需要涉及语言运用材料。真实的教学材料能够使学生接触真实的语言，了解英语国家真实的交际话语和文化背景，并能够在课堂活动与社会交际中进行应用。

教师在教学前需要搜集和整理真实的教学内容，分析语言应用的语境与内涵，从而保证教学活动和学生语用能力的提高紧密相连。

（三）设计或组织语用真实的课堂教学活动

教学活动是保证教学效果的重要因素，同时也是语言运用的重要手段。真实的课堂教学活动需要体现语言应用的目标，培养与提高学生的语用能力。教师在真实的课堂教学活动中发挥着重要的指导作用。教师需要对学生进行积极的引导，使学生明白语言的真实语境与言外之意。

（四）确保学习环境的真实性

中国学习者主要是通过课堂教学的方式进行英语学习的。为了提高学生的语言交际能力，努力确保学习环境的真实性十分有必要。教室是进行英语交际的重要场所，教师应该重视教室在教学活动中的作用，为学生打造出合适的学习和交际环境。

（五）设计语用真实的教学检测评估方案

教学评估是教学整体链条中的重要一环，对教师的教学和学生的学习都有重要的反馈作用。设计语用真实的教学检测评估方案，能够使教师发现学生学习中的不足，从而及时调整教学内容。

由于语用真实会引导学生更加重视语言学习的应用性，有利于学生英语使用意识的提高，因此在进行教学检测评估设计时要注重语用真实的检测。

三、综合性原则

英语教学的综合性原则指的是重视语音、语法、词汇的交互影响，从而进行综合教学。

（一）整句教学与单项训练相结合

由于英语教学是为了提高学生的语言应用能力，因此在教学中教师最好可以采用整句教学的方式。学生在学习到语言表达之后就能直接运用，这有利于学生语感能力的提高。具体来说，整句教学的顺序是先教授简单句子，然后再教授较为复杂和长的句子，将整句教学和单项训练相结合。

（二）进行综合训练

语言学习是一个完整的整体，因此需要在教学中进行综合训练，也就是结合听、说、读、写四个部分。在大学英语教学中，听、说、读、写的培养是教学的主要途径，教师可以训练学生的多种感觉器官，保证四项技能训练在数量、比例、难易程度上适合学生学习，从而使学生完成不同的学习任务。

（三）进行对比教学

由于英汉语言的差异性，在大学英语教学中还需要进行对比教学，引导学生在语言使用中学习英汉语言的不同。这种对比教学的方式能够保证整体教学效果的提高。

四、兴趣性原则

我国古代教育家孔子曾说：“知之者不如好之者，好之者不如乐之者。”可见，学习兴趣对学习有着重要的影响。在具体的学习过程中，学生只有充满兴趣，才能积极探索不同的学习领域，推动对事物的认识与发现，并从中发现学习知识的乐趣。

大学英语教学中也需要重视兴趣性原则，教师需要努力调动学生的情感内因，激发其对英语学习的强烈愿望，在轻松愉快的学习环境中培养学生的语言技能。

具体来说，为调动学生的学习兴趣，教师可以从以下几个方面着手。

（一）充分了解学生的特点

不同学习阶段和年龄阶段的学生所表现出的学习特点不尽相同。教师应该充分了解学生的特点，在尊重学生学习中心性的基础上，发挥学生对教学的促进作用。在课堂教学中，教师要从大学生的生理与心理特点出发，遵循语言学习规律，采用不同的教学手段，培养学生的兴趣，让学生在体验和实践中进行英语学习。

（二）改变传统的英语教学方式和评价方式

在传统的大学英语教学中，主要是通过死记硬背的方式进行教学的。这种填鸭式教学在英语学习的初级阶段有所成效，但是在大学英语教学中却收效甚微。

鉴于此，教师应该创设符合大学生真实水平的教学内容，开发学生的英语思维，帮助其对语言知识进行内化与吸收，从而为日后的语言交际打下基础。

（三）对教材进行深度挖掘

教材是教学的指导性文件，在教学中起着举足轻重的作用。大学英语教师在教学前，应该认真、透彻地研究教材，挖掘教材中学生的兴趣点，从而调动学生学习的积极性。

五、循序性原则

语言的学习并不是一蹴而就的，大学英语教学也需要遵循循序性原则。具体来说，循序性原则要求教师做到以下几点。

（一）语言知识学习从口语过渡到书面语

英语学习主要包括口语和书面语的学习。教师在教学中可以先从口语开始，逐渐向书面语过渡。口语由于交际词汇较为简单，语句运用也比较轻松，更便于学生掌握。可以说，口语技能的提高是书面语能力提高的基础。

（二）从听说技能的培养过渡到读写技能的培养

听、说、读、写是英语的四项基本技能，应该全面发展。但是对这四项技能进行培养时，也要注意其先后顺序。其中，听说教学能够使学生掌握正确的发音和语言运用结构，从而为读写能力的提高奠定基础。教师在教学过程中，应该遵循先听说、后读写的顺序，从而便于学生语言能力的提高。

（三）语言知识与技能、使用语言的能力不断循环与深化

语言能力的培养总体呈螺旋式发展状态，需要进行多次的循环，但这种循环不是单纯的重复，因为每次重复都要在前一次学习的基础上，在深度和难度上有所提高。因此，教师应该注意从学生已有的语言知识和已经熟悉的语言技能出发，讲授新知识，培养新技能。

在大学英语教学过程中，教师应该注意对学生已经掌握的语言知识和技能进行系统优化，在此基础上培养学生新的语言技能，教授新的语言知识。

六、灵活性原则

语言处于不断变化发展的过程中，是一个充满活力的开放性系统。因此，大学英语教学也要遵循灵活性原则。

（一）教师的教学方法要有灵活性

教师在讲授语音、词汇、语法等语言知识和培养听、说、读、写、译等语言技能时要具体问题具体分析，根据不同内容采取不同的教学方法。

（二）学生的学习方法要有灵活性

在大学英语教学中，教师需要积极探索符合学生学习规律和心理、生理特点的自主学习模式，从而帮助学生提高自主学习能力，使学生能够进行自我激

励和监控，从而提高语言技能。

（三）语言使用要有灵活性

学习语言的最终目的是交流沟通。在课堂教学中，教师应尽可能多地用英语组织教学，使学生感到他们所学的英语是活的语言。此外，教师还可以通过布置灵活性的作业为学生提供灵活使用英语的机会。

第四节　大学英语教学的理论基础

大学英语教学是一门系统的语言科学，在实施过程中需要一定的理论基础。下面简要从教育学基础和语言学基础两个方面进行分析。

一、大学英语教学的教育学基础

在《语言教学的基本概念》一书中，加拿大的语言教学专家斯特恩着重讨论了教育理论与英语教学的关系。斯特恩认为，教育学和语言教学密切相关。因此，教育学是大学英语教学的重要理论基础之一。

（一）教育学

教育学主要是用来进行知识教育和研究、探索语言现象、总结语言规律的学科。教育学有着悠久的历史。英语教学是语言教学的重要分支，属于教育的范畴，因此教育学的相关原则、原理、方法对英语教学也有着一定的指导和启示作用。

第一，教学的一般原则包括科学性、思想性、直观性、巩固性、自觉性、系统性。

第二，教学的一般方法则包括归纳法、启发式、演绎法以及讲解、练习、复习与课堂教学的环节和课型等。

除此之外，教育目的、教育方针和培养目标从宏观方面影响着现代英语教学。英语课的开设、开设的时数、开设的目的和要求都受到教育学因素的影响和制约。

（二）教育经济学

教育经济学是从经济学的角度研究教育的学科，其主要关注教育中的经济效益。在大学英语教学中，教育经济学主要研究开设哪些课程会使教学受益。

从宏观的角度来说，英语课程的开设有以下几方面的意义。

第一，就目前英语课程改革的要求而言，开设英语课是从培养人才的角度来考虑的，因为21世纪人类生存与发展的基本技能为母语、一门外语和计算机的操作运用能力。

第二，就经济发展和获取信息的需要而言，英语课开设的必要性在于国际上85%以上的学术论文是用英语发表或宣读的，英语同时也是国际互联网的主要应用语言。

第三，英语课程开设还有其他方面的益处，如外语是促进学生全面发展的重要学科之一，学习外语有利于个人良好的性格、品格、意志和交往合作精神的发展等。

我们除了要从宏观上把握外语开设的效益外，还要从微观的经济角度对必要的费用和效益进行评估，在评价时要考虑下面一些问题。

第一，教学时间。

第二，班级人数。

第三，教师培训费用。

第四，教材及其他资源费用。

第五，管理人员及非专业助手的费用，如操本族语的助手、语言实验室的技工等。

第六，教学场地等的费用。

第七，教师及管理人员的薪酬。

（三）教育心理学

教育心理学主要研究的是学习者、学习过程和学习情境间的作用，主要侧重研究学生的个体心理活动对总体教学效果的影响，并探讨学生的心理个性与教学和学习的关系。

作为心理学的一个学科分支，教育心理学与外语学习的理论、语法、语音、词汇知识的传授，学习动机的激发，口头和书面表达技能的形成等都有着直接的、密不可分的联系以及重要的影响。

教育心理学与英语教学的密切结合也成为现代英语教学发展的趋势。在现代英语教学实践中，教师在传输知识的同时研究学生的心理有利于使英语教学达到事半功倍的效果。

（四）外语教育技术学

基于信息技术的外语教学目前已经作为一种新的教学范式成为高校外语教学的主要实践方法。信息技术与外语教育的内在共生性、本体性和封闭性，使信息技术与外语教学（课程）产生了交融与整合的学理基础和逻辑基础。

外语教育技术是在外语教学实践中，以教育信息技术为手段，以教育学、心理学、语言学等理论为指导，以语言教学为目标，通过创造、使用、管理适当的技术性的外语教学过程和教学资源，以及提高外语教师和学生的教育信息技术素养等手段，来促进外语学习和改善外语学习绩效的理论研究和实践探索活动。

外语教育技术学是关于外语教育技术研究的一门学问，是由关于外语教育技术的一系列概念、原理和方法等构成的。它是集中反映外语教育技术内在规律并且具有严密逻辑性的一门新兴学科知识体系，是一种教育学性质的综合性应用学科和应用语言学性质的综合学科。

教学范式的转变使外语教育技术学具备自身基本的学科构成要素以及新兴学科的基本表现要素，并基本形成了学科框架体系。它是在学科交叉研究方法的推动下，将教育学、教育技术学、信息技术学和语言教学等各门学科进行交叉、渗透、融合而催生出的一门新兴分支学科。例如，图 1-1 是罗伯特·塔尔伯特教授提出的基于外语教育技术学研究下的现代英语教学翻转课堂实施模型。

图 1-1　翻转课堂实施结构模型

对上述教学模式进行分析可知，课前学生可以在家观看教师或第三方创建的教学视频和资料，课堂上通过加深概念、解决问题、合作学习等方式做作业，教师则在旁提供指导和协助。

和传统的大学英语教学模式相比，这种教学模式带有创新性，能够通过信息技术对教学目标、教学计划、教材编写、课程设计、教学过程、教学模式、教学管理、教学评价等教学体系的所有环节进行加工处理，完成信息转换和传达。

探索和完善以计算机网络为核心的现代信息技术与外语课程的整合来促进大学外语教育质量的提高也是目前英语教学的重中之重。将计算机和网络信息技术应用到英语课程教学实践中是英语教学改革的重大贡献。这种模式符合教育精品资源共享课建设的目标与任务要求，也是外语教育技术学应用于英语教学的伟大尝试。

二、大学英语教学的语言学基础

大学英语教学是一种语言教学，在语言学理论方面具体可以借鉴交际能力理论、认知主义理论、合作学习理论的相关内容。

（一）交际能力理论

1. 乔姆斯基交际能力理论的提出

乔姆斯基于20世纪50年代末在《句法理论面面观》一书中把“能力”和“表现”两个概念引入了语言学的研究，并对“语言能力”和“语言行为”两个概念做了进一步分析。

乔姆斯基认为，语言能力是在指特定的语言社团中说话的人，行为则是指在具体语境中语言的使用。按照乔姆斯基的解释，说话人的语言知识就是“能力”，而具体情境中语言的实际使用即“表现”。他认为个人的语言能力与语言的实际运用和语言行为无关。

这种排除语言社会功能的问题激发了一些语言学家对语言社会功能的关注。其中最具代表性的是美国社会语言学家海姆斯提出了“交际能力”的概念。此外，卡纳尔和斯温也对交际能力学说进行了进一步的详细论述。

2. 海姆斯对交际能力理论的扩展

海姆斯从语言的社会交际功能出发，探讨语言使用者和语言使用的问题。在海姆斯看来，乔姆斯基提出的“能力”概念的不足之处在于没有系统考虑人们在社交中对语言的恰当运用。为此，海姆斯提出了“交际能力”的概念以示区别。

海姆斯认为，一个人的交际能力是一个综合的概念，除语法知识和语言能力外，还包括心理、社会文化和使用概率等方面。换言之，如果一个人能获得交际能力，那他就应该知道怎样进行社会交际，知道应该对什么人、在什么场合和什么时间、用什么方式讲些什么话和不讲什么话。因此，交际能力应包括以下四个方面的内容。

第一，能识辨、组织合乎语法的句子，即懂得形式上的可能性。例如，知道“He like read novels.”这种说法是错误的，并能说出或写出“He likes reading novels.”。

第二，知道某些话语是否可以实际上说出来。有些话语形式上是可能的，也是可行的和得体的，但在现实生活中，却没有人会那样说。

第三，能在交际中得体地使用语言。有些话虽然语法上是可能的，实施上也是可行的，但在语境上却不得体。例如，下面的对话中 B 的回答就不得体。

A: What made Jane upset?

B: Her uncle’s illness made Jane upset.

第四，能判断语言形式的可行性。例如，知道“The boy who is smart is the son of my uncle.”是合乎语法的，但几乎没有人会这样讲，即不可行。人们通常会这样表达“The smart boy is my uncle’s son.”。

海姆斯的交际能力理论在语言学界和应用语言学界影响很大，它直接影响到外语教学目标的制订。

3. 卡纳尔和斯温的交际能力学说

在《第二语言教学和测试交际法的理论基础》一文中，卡纳尔和斯温论述了交际能力的组成，并对海氏的理论做了进一步的丰富和发展。他们认为交际能力包括以下四个方面的技能和知识。

（1）语法能力

所谓语法能力就是指运用语音、词汇和语法等知识的能力。卡纳尔和斯温的“语法能力”与乔姆斯基所说的“语言能力”或海姆斯所指的“形式上的可能性”没有区别。

（2）社会语言能力

众所周知，说话人在不同的环境中总是以一定的社会身份出现。环境不同、身份不同，人们使用的语体与目的语也不同。因此，社会语言能力是一个人在一定的社会情景下得体地使用语言的能力，即在不同的语境下使用不同的语体和不同的言语来达到不同交际目的的能力。此外，使用言语功能的能力也是社会语言能力的具体内容。言语功能包括工具功能、指称功能、个人功能、保持接触功能、想象功能、语境功能、元语言功能等。

（3）篇章能力

篇章能力是指能够依据一定的上下文来理解句子之间的关系和句子的意义并能组句成篇的能力。例如，“那个人是从北京来的”这句话，可以在不同的语境或上下文中表达建议、暗示、鼓励、警告等不同的意义。

（4）策略能力

策略能力也称“补偿能力”，它是一种运用语言或非语言手段达到交际目的的能力。具体而言，就是在交际中懂得怎样开始谈话，进行谈话，承接、转换话题和结束谈话的能力。

按照卡纳尔和斯温的观点，由于交际能力是由上述四种能力组成的，因此，在具体的语言教学中，就应当加强对这四种基本能力的培养。

（二）认知主义理论

行为主义学习理论在20世纪前半个世纪占主导地位。然而由于行为主义把人的所有思维都看作由“刺激—反应”间的联结形成的，没有考虑人的意识问题，因而遭到越来越多的学者的不满和反对。在这种情况下，认知主义学习理论得以发展起来。认知主义强调学习是通过对情境的领悟或认知而形成认知结构来实现的，主张研究学习的内部条件和内部过程。关于认知学习理论的主要代表观点有以下几种。

1. 苛勒的顿悟说

德国心理学家苛勒是格式塔心理学的创始人之一。格式塔理论认为，在学习中要解决问题，必须对情境中事物的关系加以理解，从而构成一种完形，使学习得以实现。苛勒以格式塔理论为基础，在《人猿的智慧》一书中提出了顿悟说。顿悟说有以下两个主要观点。

第一，学习不是刺激与反应的简单联结，而是通过有目的的、主动的了解和顿悟而组织起来的一种完形。

第二，学习是由顿悟来实现的，并非是通过尝试错误来实现的。

2. 皮亚杰的发生认识论

皮亚杰是瑞士心理学家，他的理论核心是发生认识论，主要研究人类的认识。具体来说，其内容主要包括概念、推理、注意、记忆、表象、决策、语言、感知觉、问题解决、认知发展和人工智能等。

在皮亚杰看来，无论一个人的知识多么高深、复杂，都可以追溯到他的童年，甚至是胚胎时期。人出生以后如何形成认识、发展思维，各种不同水平的智力及思维结构是如何先后出现的等问题都值得研究。因此，他将自己的研究集中在认知发展的阶段性和认知发展的机制两个问题上。

皮亚杰将原先无法探测的大脑活动过程抽象为可以直接观察的心理模型，通过客观方法研究更加高级和复杂的认知活动，加速了人类对自身的认识。

3. 布鲁纳的发现学习理论

根据布鲁纳发现学习理论的观点可知，学习的实质在于主动形成认知结构。

认知结构是用来感知和概括新事物的一般方式。它是在过去经验的基础上形成的，并在学习过程中不断变动，是进一步学习和理解新知识的重要内部因素和基础。

布鲁纳将学习分为知识的获得、转化和评价三个几乎同时发生的过程。由于学习任何一门学科都有一连串的新知识，每一种知识的学习都要经过获得、转化和评价，因此，发现学习是最佳的学习方式。

所谓发现学习就是以学生为中心，以教师激发学生的学习兴趣和学习动机为前提，以引导学生进行观察、分析、归纳等逻辑思维活动为方式，以培养学生独立分析问题和解决问题的能力为目的的一种学习方法和教学方法。发现学习理论是布鲁纳对学习论和教学论的结合做出的一大贡献。

4. 奥苏贝尔的认知－同化学习理论

奥苏贝尔对学习进行了如下两个维度的划分。

第一，按学习进行的方式，可将学习分为接受学习与发现学习两种。

接受学习是指将学习的主要内容以定论的形式传授给学生。

发现学习与接受学习不同，它不是将学习内容现成地给予学生，而是引导学生自己去发现这些内容，然后再内化到认知结构中去。

第二，按照学习材料与学习者的原有知识结构的关系，可将学习分为机械学习和意义学习。

机械学习是指学习者虽然记住某些符号的词句或组合却不能理解符号所代表的意义。

意义学习是指将符号所代表的新知识与学生认知结构中已有的适当观念建立起非人为的和实质性的联系。

两个维度的结合可将学习分为四种类型，即有意义的接受学习、有意义的发现学习、机械的接受学习与机械的发现学习。在奥苏贝尔看来，有意义的接受学习可以在短时期内使学生获得大量的系统知识，是教学的首要目标。

奥苏贝尔还提出，有意义学习的过程就是原有观念对新观念加以同化的过程。

同化有以下三种方式。

（1）总括学习

总括学习（又称“上位学习”）指在若干已有的从属观念的基础上归纳出一个总观念。

（2）类属学习

类属学习（又称“下位学习”）指把新观念（从属观念）适当归入原有观

念（总观念），并在二者之间建立联系。

（3）并列结合学习

并列结合学习指新知识与旧知识具有某种共同的属性，故可以被原有的知识同化，并获得意义。

需要注意的是，在意义学习后，同化过程并没有结束，必须不断对知识进行改组与重新结合，才能习得并保持知识。

（三）合作学习理论

合作学习理论是在建构主义理论、认知发展理论和社会互赖理论的基础上形成的。美国明尼苏达大学教授约翰逊等人认为，合作学习就是在教学中采用分小组的方式以使学生之间能够协同努力，充分地发挥自身及其同伴的学习优势。

在此基础上他们创立了合作学习理论。该理论要求小组成员共享目标和资源，共同参与任务，直接交流，相互依赖，彼此互助，共同完成学习任务，并以小组总体表现为奖励依据，组员之间息息相关，只有全组成员都成功，自己才能成功。在此对基于合作学习理论的建构主义理论和社会互赖理论展开分析和介绍，以期对现代大学英语教学提供理论上的指导意义。

1. 建构主义学习理论

（1）建构主义学习理论的主要观点

20 世纪后期，认知理论的一个重要分支——建构主义学习理论在西方逐渐流行。建构主义的最早提出者可追溯至瑞士学者皮亚杰以及苏联心理学家维果斯基。内因和外因是认识事物的关键。皮亚杰和维果斯基认为，人们是在与周围环境相互作用的过程中逐步建立起相关的知识概念，从而使自身的认知能力得到发展的。随后，这一观点被用于解释和探讨语言学习的过程。

首先，知识是学习者在语言语境的作用下和他人的帮助下进行的学习过程，通过意义建构的方式获得。学习者获得知识并不取决于对知识的记忆与背诵，而是学习者自身经验和他人协作的结果。在语言学习的过程中，教师需要为学习者提供进行合作和互动的条件。

其次，因为语言学习是在一定的情境下通过人际间的协作活动而实现的，所以建构主义学习理论强调“情境”“协作”“会话”和“意义建构”四个主要因素在学习中的作用。

建构主义学习理论认为，语言学习环境中的“情境”实际上就是教师为学习者创造的较真实的语言交际活动场景和相应的交流活动，其目的是使学生在这样的环境下和语言活动中完成意义建构。

“协作”主要指学习者之间通过语言进行的相互合作，其中包括对学习资料的共享、学习成果的评价以及最终意义的建立等。此外，“协作”过程也是“会话”和“讨论”的过程。

“会话”是“协作”过程中的重要环节。学习者之间需要通过会话商讨的方式，也就是“意义协商”来完成规定的学习任务。

“意义建构”是语言学习应该达到的最终目标。整个教学设计的核心是通过各种学习策略激发学生去主动建构知识的意义，培养学生的自主学习能力以及独立精神和合作精神。

（2）建构主义学习理论的影响

建构主义学习理论对现代外语教学和学习都产生着直接或间接的影响，主要体现在以下几个方面。

第一，认识方面的影响。建构主义认为学生是学习的中心，是进行语言知识和信息加工的主体，同时是意义的主动建构者。通过和环境的相互作用，学生能够获取知识。大学英语教师是学生学习的帮助者和指导者，在教学过程中需要重视学生的中心地位，采用全新的教学模式，发挥学生学习的积极性和主动性。

第二，学习方式方面的影响。建构主义学习理论强调学习者的互动和协作关系，在此基础上形成了教学中的“互动式教学模式”。该模式遵循了建构主义的原则，强调学习者的能动性和参与性，尽可能避免机械性的灌输，其主要教学模式可概括为：引导—组织语言活动—协作学习—指导及归纳—巩固。

第三，学习内容方面的影响。在建构主义学习理论的指导下，语言教学更加强调学习内容的意义和趣味性，并与实际生活、热点话题等密切相关，这些内容都有利于学习者的意义建构。

第四，测试内容及形式方面的影响。受到建构主义学习理论的影响，目前的外语测试开始重视对学习者交际能力的考核，尤其是在口语考试中，常采用两人一对就某个情景和话题进行交流式对话的形式。口语考官根据考生的交流内容、流利程度等进行打分。

2. 社会互赖学习理论

（1）社会互赖理论的内涵

社会互赖理论旨在研究个体间在合作性和竞争性，以及社会情境中相互影响时的行动效率、内在心理过程、互动方式及结果。

社会互赖理论源于20世纪初的格式塔心理学。此理论的创始人之一考夫卡认为，群体是成员之间的互赖性可以变化的动力整体，各成员之间的互赖有其差异性。考夫卡的同事勒温对上述观点进行了阐释，他认为群体的本质是其成员基于共同目标而形成的互赖，由此促使群体成为一个整体；若群体中任何成员或次群体的状态发生改变，将会影响其他成员或其他次群体产生改变；群体成员内在的紧张状态能够引发完成共同目标的动机。

（2）社会互赖理论对合作学习设计的启示

社会互赖理论通过积极的或消极的互赖对合作学习产生重要的启示作用。合作学习有积极互赖、责任到人、社交技能和小组反思四个相关的基本要素。教师应在教学实践中合理地运用这些要素来进行合作学习设计，解决其中碰到的问题，有效促进合作，使合作学习适用于不同的学生和不同模块的教学。

第一，确保学生之间产生积极互赖。教师在进行教学设计时要以积极互赖为首要条件，依据结果互赖、方法互赖和边界互赖三个维度进行设计。结果互赖是指在合作学习情境下，教师可依赖共同目标和共同奖励来实现学生之间的互赖，如教师可以运用个人奖励与小组奖励相结合的方式来实现学生之间的互赖。方法互赖设计包括任务、资源和角色互赖等的设计。边界互赖是指将大群体分为各个不连续的有明显界限的小群体。

第二，个人化责任感设计保证责任能落实到每一位学生。研究表明，人们越是受到小组同伴的喜爱和尊重，对同伴的责任感就越强。在合作学习小组中，教师应让学生认识到承担责任的重要性，打破传统小组学习中存在着的责任不清或搭乘便车的弊病。

第三，教师教授合作技能设计，确保学生能够恰当运用合作技能。成员的合作技能掌握得越好，越能取得较好的合作效果。因而教师应帮助学生掌握合作技能。

第四，定期开展小组反思设计，确保学生进行有效的合作学习。在反思阶段，教师应从学生的参与态度、合作意识和任务完成情况等方面进行总结和反馈。同时有效制止一些无效行为的重复发生，鼓励一些良好的合作行为，从而促进生生间的有效互动，激发学生持续进行合作学习。教师在合作学习的教学中可以灵活运用不同的反思手段，如教师反思、学生自我反思、学生互评、小组互评、分数评价、等级评价、评语评价等多种方式，从而有效地保证学生个体与学习小组成员的共同发展。

大学英语教学是为社会输送英语人才的重要渠道，应该紧跟时代发展步伐，对自身教学加以改进与发展，从而提高人才培养的应用性和实用性。

第二章　大学英语教学改革

当今世界经济全球化和文化多元化的快速发展使英语这门语言的使用日益普遍，英语教学在高等教育中的地位越来越重要，逐渐成为高校人才培养的重点课程。在传统的大学英语教学模式下，学生运用英语进行交际的实际应用能力普遍较低，已无法满足社会对高质量外语人才的需求。因此，对大学英语教学进行改革势在必行。

第一节　大学英语教学改革综述

大学英语教学改革在近年来受到了越来越多人的重视和关注。究其原因，大概有两点：一是其重要性，即大学英语教学对人才培养和国家发展的重要意义；二是其不适应性，即大学英语教学日益显现出来的弊端，已不能满足学生自身发展和社会长足进步的需要。因此，对大学英语教学进行改革的呼声从未间断，并且越来越高。

一、大学英语教学改革的背景

在谈及大学英语教学改革的目的或理念之前，首先要了解改革的背景。在近几十年的发展中，大学英语教学取得了诸多成果，同时也暴露了一些问题。因此，我们可以将社会的发展和大学英语教学本身存在的问题看作大学英语教学改革的动力。

（一）社会发展

社会的发展是大学英语教学改革的重要推动力。随着经济全球化、全球经济一体化程度的加深，世界范围内的经济合作和文化交流在日益频繁的同时，深度也在不断加深，社会对高质量的跨文化交流人才的需求也在不断增加。但是，在当前大学英语教学模式下的高校毕业生的英语能力还远远不能满足社会的需求。

此外，随着社会的进步和生活水平的提高，人们对知识的渴求也越来越迫切，对自身受教育的期望值也不断提高。高等教育越来越大众化，高校扩招已是不争的事实。这样的发展趋势带来的结果便是大学英语教学师资力量的紧缺、基础教学设施的不平均分配等问题。除了加大教师队伍的培训力度外，教学内容、教学方法、教学目标、教学手段、教学评估等方面的改革也势在必行，只有这样，才能适应新的教育形势。

（二）自身问题

在当前的大学英语教学模式下，培养出的学生多缺乏英语综合应用能力，口语交际能力明显不足。王守仁教授和王海啸教授曾对全国530所高校的大学英语教学现状进行过调查和分析。

关于教师队伍，在提供大学英语教师职称情况数据的467所高校中，女教师的数量占总数的80.1%，而教师的职称情况也不尽相同，如表2-1所示。

表2-1 大学英语教师职称情况

职称	总数	每校平均	百分比（%）
教授	702	1.50	3.3
副教授	4761	10.19	22.6
讲师及以下	15587	33.38	74.1
总数	21050		100

以上数据表明，在当前的大学英语教学中，教师队伍的性别、职称等都是不平衡的，这种不平衡的现象不仅会影响教师个人的职业发展，对教学质量的提高也会产生消极的影响。

关于教学评估手段，只有采用终结性评估与形成性评估相结合的方式，并注重形成性评估的作用，才能有效提高教学质量。《大学英语课程教学要求》（以下简称《课程要求》）中指出，形成性评估是教学过程中进行的过程性和发展性评估，即根据教学目标，采用多种评估手段和形式，跟踪教学过程，反馈教学信息，促进学生全面发展。

王守仁教授和王海啸教授在对众多高校的英语教学进行调查的过程中，重点考察了学生的课堂表现、平时测试、平时作业、期中与期末考试、网上自主学习表现等在教学评估中的比重，结果如表 2-2 所示。

表 2-2 不同评估手段的重要性

评估手段	很重要（%）	较重要（%）	不重要（%）	总数
课堂表现	226（46.2）	251（51.3）	12（2.5）	489
平时测试	95（20.0）	350（73.5）	31（6.5）	476
平时作业	124（25.4）	349（71.5）	15（3.1）	488
期中与期末考试	373（76.1）	111（22.7）	6（1.2）	490
网上自主学习表现	75（18.1）	241（58.2）	98（23.7）	414
口语考试	130（28.0）	262（56.5）	72（15.5)	464

通过表 2-2 中的数据可以看出，虽然与其他项目相比，认为学生的课堂表现是重要的评估手段的学校有很多，但是大部分也认为网上自主学习的表现是不重要的。这表明，在现阶段的大学英语教学中虽然形成性评估的理念已被人们所接受，但是自主学习的教学方式还要做进一步的推广。

除了教师队伍、教学评估手段，在教学模式方面，《课程要求》中提倡课堂面授和计算机自主学习相结合的方式。但是在王守仁教授和王海啸教授的研究调查中发现，虽然采用多媒体投影设备教学的现象较为普遍，但是大部分的班级并没有采用“课堂面授 + 有教师辅导的语言训练”这种教学模式，这说明要实现《课程要求》仍有大量的工作要做（见表 2-3）。

表 2-3 不同教学模式的比重

教学模式	所有班级采用（%）	部分班级采用（%）	没有班级采用（%）	总数
采用多媒体投影设备	269（54.1)	203（40.8）	25（5.0）	497
采用“课堂面授 + 网络自主学习”教学模式	147（29.6）	166（33.5）	183（36.9）	496
采用“课堂面授 + 有教师辅导的语言训练”教学模式	72（15.6）	106（22.9）	285（61.6）	463

二、大学英语教学改革的目的

在了解了大学英语教学改革的背景后，我们就要思考这样一个问题：大学英语教学改革的目的何在？人们既已对教学改革的必要性达成共识，之后便会涉及教学改革的目的问题，下面就对大学英语教学改革的目的进行分析。

《国家中长期教育改革和发展规划纲要（2010—2020年）》中指出，中国高等教育的人才培养目标是“培养具有国际视野、通晓国际规则，能够参与国际事务与国际竞争的国际化人才”。因此，大学英语教学改革的首要目的就是要提高高等教育人才的培养质量，将中国的高等教育国际化。所谓的“国际化”是指课程的国际化、师资的国际化和学生的国际化。这一目标的提出与我国的国情密切相关。随着经济的全球化，教育的国际化步伐也在逐渐加快，我国正致力于建设人力资源强国，在如此关键的转型时期，更需要教育提供强有力的推动。

此外，大学英语教学改革的目的是为大学生的个体发展服务，如今社会对高素质的具有创新能力的国际化人才的需求剧增，英语能力已成为学生综合能力的重要组成部分。

因此，只有坚持大学英语教学改革，才能不断适应社会发展的需要和学生个体发展的需要。此外，赵光慧和张杰在《大学英语教学改革：个性化、学科化、中国化》一文中从不同的角度对大学英语教学改革的目的进行了详细的分析。他们指出，当前中国高校的英语教学改革的首要目的便是实现“个性化”教学，避免“趋同化”。充分发挥大学英语教学的引领作用，最终实现社会交往中的“学科化”。此外，大学英语教学只有立足“中国化”，才能实现“国际化”。

（一）实现“个性化”教学

要通过大学英语教学改革实现“个性化”教学，首先应克服的最大障碍便是“趋同化”。“趋同化”大致表现在以下几个方面。

首先，教育行政部门是统一的“社会行动主体”。在当今的大学英语教学中不论是教学方案的制订、教学管理或评价制度的构建，还是教师队伍的培养、教学材料的编写或教学手段的开发等，都是在教育行政部门的统一指挥和监控下进行的，这便是“趋同化”的表现之一。

其次，统一化的教学管理。几乎所有的普通高校都是在教育部制订的统一的培养方案、管理制度和评价体系下进行英语教学的，所使用的大学英语教材也不外乎是上海外语教育出版社、外语教学与研究出版社、高等教育出版社以及其他几所出版社出版的教材，并没有因为学校的差别和学生层次的不同而选用“个性化”教材。

“趋同化”教学体制的出现与国家的计划教育体制有着某种程度上的联系，其主要的教学核心是“教”而不是“学”。虽然，近些年来“以生为本”的呼声愈来愈大，但是在实际开展教学活动时是有一定难度的。

“个性化”教学要求学校有灵活变化的“动态”培养方案，即教学方案可以根据不同的学生、学生的不同表现随时进行调整，使方案适应学生，而不仅仅是让学生适应方案。教育行政部门在制定了统一的培养方案以后，只是具有宏观指导的功能，各个学校根据自身的实际情况和学生的层次水平可以调整方案和学制，学生也可以对培养方案提出合理性的建议，实现“教”与“学”之间的“相互理解”。此外，还可以尝试推广分层次大学英语教学。

（二）实现“学科化”教学

我国当前的大学英语教学主要是围绕“学习语言知识，掌握语言技能”展开的，并且受社会发展的影响，大学英语教学的中心应该转向以实用为目的的教学，即由“学”转向“用”，在“用”中“学”，通过一系列的语言实践，提升语言能力。

就“社会行动”而言，进行“学科化”的大学英语教学是十分有必要的。所谓的大学英语教学的“学科化”，并不是“英语”与“专业知识”或“专业英语”的简单相加，而是两者之间的相互融合，是集“实际运用”“英语表达”“学科趣味”，甚至是“学术思维”于一体的。大学英语教学“学科化”的有效途径之一就是在普通高校中开设以学科为中心的大学英语博雅课程，学生不仅可以了解与英语学科相关的知识和发展状况的表述，还可以接触相关的学术刊物、栏目等，同时还能为学生提供出国求学的帮助。

大学英语教学改革的最终目的是要走出“外语圈”，改变其从属地位的现状，发挥大学英语教学的引领作用。各高校要在满足学生个性发展要求的基础上，开发多层次、立体式的大学英语教学模式，充分提高学生的英语应用能力和学科研究能力，在逐步提高学生的基本英语技能的同时，逐渐深化其专业英语知识和技能，使其在多个领域都能发挥专业英语水平的优势，力求做到英语“学科化”教学。

（三）立足“中国化”教学

语言具有深层次的思维功能。在当今的大学英语教学中，人们关注更多的是学习英语的思维方式，以及如何克服汉语思维方式的消极影响，因此大学英语教学更加注重以“西化”为特征的教学思维模式，即引进外籍教师，营造学习英语的环境等，或对英语教师进行出国培训，派他们到国外大学进行实地考察等。这种教学思维模式是单向的，而大学英语教学改革的目的就是将单向变为双向互动的过程，既“西化”，又“化西”，即“中国化”。在引进西方思维模式的同时，还要使学生在中西文化的相互碰撞中，了解中华文化的传统，推动中华文化走向世界。

三、大学英语教学改革的必要性

从新时期《大学英语课程教学要求》颁布以来，我国的大学英语教学取得了巨大的进步，教学设施不断改善，大学生的英语水平也在逐年提高。大学英语教学在培养了无数复合型人才的同时，还促进了我国的对外开放和交流。但是，与此同时，我国多年来的大学英语教学也存在着一些问题，这就使大学英语教学改革的进程更加紧迫。下面就从大学英语教学的现状入手，分析大学英语教学改革的紧迫性，并提出新的要求。

（一）大学英语教学的现状

1. 大学英语教学发展不平衡

我国地域辽阔，各地区间的经济、政治、文化发展水平多有差异，这些差异体现在教育方面则表现为学生的英语基础水平、认知能力、理解能力、记忆能力等都相差较大。除地区间的发展不平衡以外，大学英语教学在听、说、读、写、译等各能力的培养力度上也是不平衡的。2007 年的《大学英语课程教学要求》中将大学英语课程的性质阐述为“不仅是一门语言基础课程，也是拓宽知识、了解世界文化的素质教育课程，兼有工具性和人文性”，其提出大学英语教学的目标是“培养学生的综合应用能力，特别是听说能力，使他们在今后工作和社会交往中能用英语有效地进行交际”。但是从大学英语教学的现状来看，我国大学生的这一交际能力还有很大的提高空间。

2. 教学资源匮乏

虽然随着社会经济的发展和社会对教育投入的增加，当前国内高校的英语教学资源与 20 年前相比有了很大的改善。但是，随着高校的扩招，大学生数量快速增长，教师队伍与教学资源已经不能满足如此巨大的需求。尤其是教学资源的匮乏越来越突出，其主要表现在以下三个方面。

首先，教师和学生真正需要的教学材料和资源很少，当前使用的教学材料不能满足学生的学习需求。

其次，市面上大多数应试辅导资料都存在误导教师教学和学生学习的情况。

最后，教材的相关性较差，缺少联系和系统性。很多高校为了平衡各家出版社的利益，会使用两家或两家以上的出版社出版的教材，但是这些教材之间相关性较差，多数都没有运用到英语教学实践中去。如果听说课程与读写课程使用的是不同系列的教材，那么学习的整体性就会受到影响，不利于建立起语言输入与输出的关系。

3. 应试教育思想明显

当前的大学英语教学一定程度上受到了四、六级考试的影响，有的英语教材甚至将通过四、六级考试作为编写的目的。例如，有些英语教材在前言中就提到本教材中含有类似四、六级考试题型的练习，或将某一课时专门设计成四、六级考卷的形式。有些教材则提到在前几册教材中包含全部的四级词汇，在后几册教材中包含全部的六级词汇。

（二）大学英语教学的最新要求

20 世纪 80 年代以来，一些新的外语教学观、教师观、学生观、人才观等相继出现，不仅对大学英语教学提出了新的要求，同时也为大学英语教学改革指明了方向。

1. 着眼于人的全面发展

人本主义教育观以学习者的发展为中心，强调学习者的主体地位，认为每一位学习者都具有无限的学习潜能。学习者是独立的个体，具有主观能动性，因此教学要以学习者为中心。学习者与教师对学习都有控制、指挥权，共同承担教学责任; 教学内容要符合学习者的学习动机，满足学习者的学习需求。因此，大学英语教学要注重学生的全面发展，使其能够在知识经济的时代灵活地运用学到的知识创新性地解决问题，并具有持续学习的能力，不断完善自己，做到终身学习。

关注学生的全面发展就要提高其综合语言运用能力。综合语言运用能力是建立在语言技能、语言知识、文化意识、学习策略、情感态度等素质的综合发展基础之上的，如图 2-1 所示。

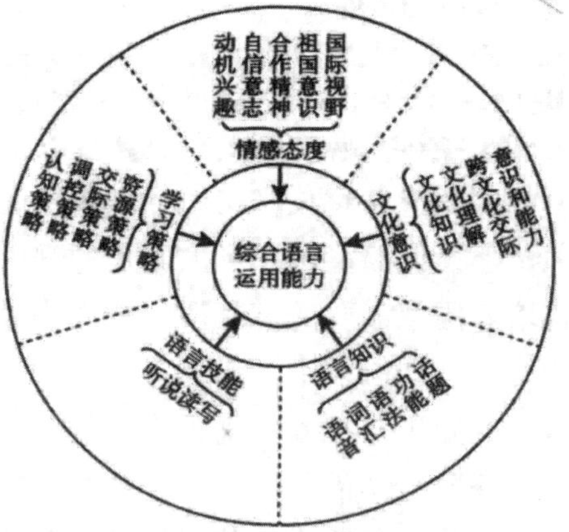

图 2–1　综合语言运用能力的基础

教师还要在英语教学中注重情感教学，承认学生间的差异和个性，充分发挥学生的主体作用，努力营造和谐的课堂教学气氛，关爱学生，注重情感交流。

2. 充分利用 IT 技术

IT（Information Technology）技术，即信息技术，现已影响着人们生活的方方面面，在教育领域也引起了极大的变革。在大学英语教学中充分利用 IT 技术，可以将英语课堂变为充满活力与创意的学习场所。在设计英语教学的情景时充分利用多媒体技术、网络技术，使图文声像并茂、形式多样，既可以提高学生的学习积极性，发挥他们的主体作用，又能够使其在相对真实的学习情景中，通过多种模拟手段，提高英语的实践能力。

IT 技术的运用也使英语课堂的教学空间形式发生了变化。在专门的计算机室进行英语授课时，学生的座位呈环形排列或呈若干个小圆形，降低了师生间的距离感。在这种宽松的教学环境中，学生的学习主动性和个性特点也能够得到最大限度的发挥。

3. 采用科学的评价方式

在传统的英语教学模式中，教师所采用的评价方式往往是单一的，以笔试的形式为主。随着教育价值观的变化，大学英语教学要求关注学生的发展，以学生的发展需要作为教学的导向，并对英语课程进行评价，以监控英语教学的效果，获得反馈信息，改进教学，促进学生的全面发展。

英语课程评价主要包括对学生学习的评价、对教师教育教学的评价以及对学校组织实施英语课程的评价。其中，对学生学习的评价既包括定位性评价、形成性评价，又包括诊断性评价和终结性评价。

四、大学英语教学改革的理念

在进行大学英语教学改革时应遵循的理念是改革者必须要考虑的问题。我国的英语教学在开始之初是经过“西学东渐”的历史发展而来的，先辈们为了挽救民族危机而学习西方的先进文化技术，以达到富国强民的目的。但是，在当今社会，我国正致力于建设创新型国家和人力资源强国，为适应这种发展趋势，大学英语教学要将培养国家需要的高素质人才作为教育目标，大学英语教学改革中要以中华文化为本，即以“中学为体”。在大学英语教学中传播中华文化，同时学习世界先进的知识与技术，增强中国的软实力。因此，大学英语教学的指导思想便是“传播”与“借鉴”。为了更好地实现这一教育目标，大学英语教学改革要进行全方位的整改，使英语教学朝着特殊化、学术化的方向过渡，这就要求改革一方面要强调学生的主体地位，另一方面要提高学生的学习技能。

（一）强调学生的主体地位

知识型时代已经全面到来，社会对于应用型英语人才的需求与日俱增，而受传统教育模式的影响，学生的思维多受到限制，很难适应灵活多变的市场竞争的要求。因此，大学英语教学改革要全面关注英语应用的细节内容，以学生的发展为中心，强调学生的主体地位，依照学生不同的身心发展特征和学习水平，设定相应的职业和人生发展目标，并提高其在相应领域的英语综合应用能力和竞争实力，这是大学英语教学改革的基本理念之一。

（二）提高学生的学习技能

英语是传播中华文化，借鉴与吸收西方先进文化与技术的工具，因此大学英语教学要培养学生跨文化交流和学术交流的能力。为与这一教育理念相适应，大学英语教学改革必须改变其教学内容：通过加强阅读教学，培养学生“借鉴”的能力；通过加强写作教学，培养学生“传播”的能力。

五、实现大学英语教学改革目的与理念的策略

近年来，随着经济全球化发展趋势的日益加强，英语逐渐成为社会发展所需人才的一项必备技能，因此如何在大学英语教学中提高学生的英语应用能力、提高学生的市场竞争实力，是大学英语教学改革中应重点思考的问题。笔者在多年的教学实践探索的基础上，总结出了两点有效实现大学英语教学改革目的与理念的策略。

（一）开创多元化社会实践交流平台

英语只有在“用”中才能学得深入和透彻。学生只有在特定的岗位和工作环境中进行实际操作和训练，通过处理不同的工作失误，接触不同的职务人员，才能了解自身真正的需求和市场的发展方向，也才能从根本上提升其英语对话能力和人文素质。但是，从当前的大学英语教学改革现状来看，学校为学生搭建合适的社会实践交流平台这一举措尚未得到有效实施。在部分高校中，英语教学仍局限于简单的课堂讲解和基本的情景演练。此外，课堂教学中也以理论知识为教学的核心，重理论，轻实践，不能很好地锻炼学生的英语应用能力。

因此，为有效实现大学英语教学改革的目的与理念，一些有能力和条件的高校可以考虑与相关企业建立长期有效的合作关系，共同建立丰富多样的社会实践交流平台，使学生在实际操练中领悟英语学习的真谛。

（二）革新传统的测评模式

对现有的测评模式进行灵活的调整也是实现大学英语教学改革目的与理念的有效策略之一。教师要积极灵活地依照英语课程和市场环境等多种因素的要求，对传统测评模式的路径和难易状况进行革新，真正发挥出测评的功效，为之后实现良好的教学循环过程提供保障。

第二节　大学英语教学观念和内容的改革

一、教学观念的转变

多年来，英语教学一直以培养学生具有较强的阅读能力和一定的听、说、写、译能力为目标，而目前许多学校实际实施的教师讲授、学生被动接受的灌输式教学不利于语言综合能力，尤其是听说能力的培养。因此，人们的英语教学观念必须实现两个转变：教学目标从原来的以阅读理解为主转变为以听说为主，全面提高综合应用能力；教学主体从以教师为主转变为以学生为主。这是大学英语教学改革的首要任务。

（一）教学目标的转变

关于教学目标转变的必要性与重要性，近年来已有大量论文论述过。英语的教学目标，自改革开放以来，随着社会的发展和需求的变化进行了不断的调整。1986 年提出的目标：培养学生具有较强的阅读能力、一定的听的能力、初步的写和说的能力，使学生能以英语为工具，获取专业所需的信息，并为进一步提高英语水平打下较好的基础。1999 年提出的目标：培养学生具有较强的阅读能力和一定的听、说、写、译能力，使他们能用英语交流信息。英语教学应帮助学生打下扎实的语言基础，掌握良好的语言学习方法，提高文化素养，以适应社会发展和经济建设的需要。2004 年提出的我国当前英语教学的目标：培养学生英语综合应用能力，特别是听说能力，使他们在今后工作和社会交往中能用英语有效地进行口头和书面的信息交流，同时增强其自主学习能力，提高综合文化素养，以适应我国经济发展和国际交流的需要。

许多学者都强调大学英语教学应加大口语和写作训练的力度，在教学观念上切实从知识传授转到能力培养上来。其实，大学英语教学中的知识传授和能力培养是相辅相成的。英语知识绝不能简单地理解为英语语音、词汇和语法知识，它还应包括文化知识及学生从切身体验中获得的经验形态的知识等，它是一个综合统一的系统。《大学英语课程教学要求》也强调大学英语教学要以培养学生的英语综合应用能力为目标，但并不意味着知识传授无足轻重，而应该把它看作实现目标的途径和手段。学习任何一门语言，没有知识作为基础就不能运用。只有学习和掌握知识，并把知识内化为相对稳定的内在素质，形成一定的素质结构，才能产生综合的语言运用能力。因此，在教学思想和观念的转变过程中，一定要着重处理好知识、能力与素质三者之间的关系，“学习知识是基础，培养能力是关键，提高学生综合素质是目的”。此外，重视听说能力的培养，并不意味着可以忽视读写能力。听说能力的提高在很大程度上与读写能力的水平相关，在语言学习的过程中，需要大量的信息输入并通过内部语言系统进行加工进而转化成一定程度的外部语言，而阅读是信息输入的重要途径，没有足够量的阅读，要想提高口语能力也是不可能的。听、说、读、写、译五项技能是一个相辅相成的有机整体，在以往的英语教学中，我们忽视了听说能力的培养，在纠正这一错误倾向的同时，也要注意不要走向另一个极端。清华大学外语系崔刚认为我国英语教学中存在着偏激现象，并提醒：“我们在解决‘哑巴英语’的同时，也要避免产生‘文盲英语’的现象。”因此，《大学英语课程教学要求》在突出听说能力培养的同时，也要求重视阅读理解能力、翻译技巧和基本写作能力的培养。

（二）教学主体的转变

按照传统的教学观念，教师是课堂教学的主体，学生只是被动接受，不需要进行太多的思考、分析、归纳和判断。在这种情况下，学习是静态的甚至是机械的背诵和记忆的过程。教师充当的是演员的角色，学生充当的是观众的角色。这种以教师为中心的被动学习，一方面挫伤了学生的积极性，使很多学生在课堂上提不起精神，“教师讲得口干舌燥，学生听得头昏脑涨”；另一方面，学生对知识的掌握并不牢固，虽然短期之内记忆了一些单词和语法，应付了考试，但考完之后所学知识很快就被淡忘了。学生逐渐形成了对教师的依赖思想，他们在教学活动过程中的主体地位得不到确认，学生学到的是“哑巴英语”，没有语言实践机会，更谈不上应用能力的提高。

现代教学思想从以教师为主体转变为以教师为主导、以学生为主体，学生和教师的角色有了显著变化。教师要向学生传授知识，但更重要的是要教会学生如何主动获取知识。学生是教学活动的基本出发点，是教学活动的主体，居于教学活动的中心地位，而教师的作用主要是组织、引导或指导。教育部高等学校大学外语教学指导委员会副主任委员夏纪梅先生在对《当代大学英语》的评论中指出语言课堂由教师、学生、教材和教学活动四个方面组成。它们就像一个剧团和舞台，其中教师是导演，学生是演员，教材是剧本，教学活动是演出。导演若对剧作理解不当，必然指导有误。演员若演绎不当，演出自然就会失败。可见，他把学生（演员）视为语言课堂成败的关键角色。

“授之以鱼”不如“授之以渔”。教师要教给学生语言学习的规律和方法，要善于启发学生思考，培养学生的自学能力和主动获取知识的能力。整个教学活动应该以学生的语言活动为中心。“以学生为中心”就要求教师理解和体现学生的知识、智力、情感和个性需求。每单元围绕一个主题，语汇重复出现率高，便于学生联想和记忆。围绕大学生共同关心的话题，展开听、说、读、写、译活动，培养语言综合应用能力。课堂活动能激发学生思考，并在语言实践中获取知识、了解风情、提高应用能力。

“学教并重”教学模式和“主导－主体”教学模式，尤其是基于互联网的“学教并重”的网络教学模式，正是整合了以教为主的教学模式和以学为主的教学模式而提出的。这种教学模式的理论基础就是奥苏贝尔“学与教”理论和建构主义的“学与教”理论两者的结合。建构主义理论的突出优点是有利于培养具有创新思维和创新能力的人才。奥苏贝尔理论的优点是有利于教师主导作用的发挥（“有意义接受学习”理论和“先行组织者”策略都应建立在充分发挥教师主导作用的基础上，否则无法实施）。其突出的缺点则是强调传递－接受式，否定发现式，在教学过程中把学习者置于被动接受地位，学习者的主动性、创造性难以发挥，因而不利于创新人才的成长。可见两者正好优势互补。由于“学教并重”这种新型教学模式能兼取两大理论之所长，摒弃其所短，因此不仅适用于指导课堂教学，也可适用于指导网络教学和多媒体辅助教学。应当着重指出，这里所说的“双主”和前几年有些人所主张的“学生是主体，教师也是主体”的“双主”是有原则区别的两个不同概念。如上所述，我们所说的“双主”是指既要发挥教师的主导作用，又要充分体现学生的认知主体作用。

二、教学内容的改革

（一）课堂教学内容改革的客观要求

在英语改革实践中，不少教师对英语教学改革的课程设计基础理论——建构主义学习理论缺乏深入的学习，不能用以指导具体的教学改革实践；疲于繁重的课时负担，疏于对教学任务重、教学进度快、教学内容多、教学班级大等教学实际的对策研究；教学内容的取舍上往往师承先生、师承书本、师承自己的学习经历和教学经验；教学模式的运用上固守精读课程的讲授常规，将多媒体设备当成了摆设或点缀。很多学生对自己的知识水平和学习风格缺乏应有的认识，不具备自己掌握和控制学习过程、选择学习方式和评估学习结果的能力；对信息化教学模式的新鲜感消失之后，因未见实质性进步而感到些许失落和茫然，上机自主学习的时间和次数明显减少。

这些新情况、新问题使我们反思：大学英语课堂教学究竟应当教什么？教育部高教司司长张尧学在《关于大学本科公共英语教学改革的再思考》一文中指出，学生“没有真正领会那些比较简单的英语单词组合成语言后的真正含义”，他们“还需要熟练掌握如何组装这些零部件，还缺少组装和使用这些零部件的技能和方法”。怎样才能让学生真正掌握语言的运用技巧，领会语言背后的真正含义，熟练掌握组织和使用语言的技能和方法？笔者认为，根本途径是改革大学英语课堂教学的内容，创新教学的方式方法。

（二）课堂教学内容改革的理论基础

1. 改革大学英语课堂教学内容是建构主义学习理论的本质要求

建构主义学习理论认为，学习不是一种被动的“复制”活动，而是学习者认知结构的主动建立、重组、改造和发展；主张教师必须知道学生正在想什么，他们对所呈现的材料有何反应，要训练学生建构重要概念和原则的技能，为学生提供意义建构的材料、工具、模型和良好的学习环境；帮助学生建构意义就是帮助学生对当前学习内容所反映的事物的性质、规律以及该事物与其他事物之间的内在联系达到较深刻的理解。而现行大学英语的课堂教学内容未能科学系统地反映英语语言的内在规律以及语言要素之间的内在联系。

2. 认知理论是大学英语课堂教学内容改革的理论基础

认知研究是从心理学中发展分化出来的，深入系统地揭示了人类认知世界、掌握知识的过程。从认知的角度来看，语言学习涉及如何积累词语、词组和句子，如何辨别概念和规则，如何去解读和表达，它既是陈述性知识的学习过程，又是程序性知识的学习过程，还是从陈述性知识向程序性知识转化的过程。尽管认知客体都是英语语言，但认知主体大学生与低龄学习者在知识结构、理解力和记忆力上不同，应该而且必须采取不同的认识策略和学习策略。认知理论认为，对以命题形式贮存于记忆中的语言信息进行加工的认知过程是人类知识的基本存在形式。命题由两个或两个以上的概念组成。一个句子可以包含几个命题，构成命题网络，将事件信息储存在人的记忆之中。言者的句子表达，是对记忆中已有的命题进行组合；听者的话语理解，是解构所听句中的命题及命题间的关系。储存在记忆中的是命题，不是句子，所以表达时用的可能不是原句。语言表达和思维方式、母语知识以及认知风格、认知策略之间的依存关系是远非传统语法所能揭示的。现行大学英语的课堂教学内容难以实现教学改革的目标。

（三）课堂教学内容改革的主要内容

1. 帮助学生建构个性化的英语语言体系应成为课堂教学的主要内容

大学英语教学改革的目的是提高大学生内化的英语语言能力。语言学习包括输入和输出两个方面，就外语来说，包括听、读、译、说、写五种技能。这五种技能关系密切、相辅相成。支配着这五种技能的是笼统而庞大的英语语言体系。

人们往往以为，研究和掌握英语语言体系应当是英语语言学家、语法学家或教师的任务。其实，语言体系存在于每一个语言使用者中，对于某一具体语言来说，既有广义的语言体系，也有狭义（个性化）的语言体系。而日常交际中，交际的双方是以广义的语言体系为背景，用各自的个性化语言来进行的。

语言学习就是学习者构建个性化语言体系的过程。这一点，只要分析我们自身的母语习得和母语学习过程就可以不言自明。笔者认为，英语教学应该以帮助学生构建其个性化的英语语言体系为主要内容。

英语语言体系是指由语音、词汇、语法、文化、语境等要素构成的有机系统。课堂教学科学、全面地揭示语言体系要素及要素间的关系，学生在教师的指导和帮助下通过自主学习加以掌握。在听、说、读、写、译等语言实践中理解、体验和验证英语语言体系、体系各要素之间有机联系，从而实现英语语言知识的内化，即真正掌握“组装和使用这些零部件的技能和方法”。

2. 建构个性化的英语语言体系具有可能性和可操作性

目前的英语研究多是经院式的独立体系，脱离了中国学生的学习实际。学生很难以独立的学习来构建英语语言体系，需要教师的指导和帮助。基于计算机和校园网的大学英语教学改革将教师从繁重的教学课时中解放出来，从而有时间休息调整、静心思考，有机会进修，提升学历层次，提高科研水平，继而进行创造性的研究。

英汉两种语言，作为独立的语言，差别很大；作为交际的工具，发挥着同样的功能；作为学习的对象，既有语言的差异性，又有功能的相似性。如果能将两种语言结合起来研究，找出语言的普遍规律，把英汉两种语言的形式差异看作语言发展的合理结果，势必会大幅度地提高母语习得和母语学习的经验在外语学习中的利用价值。学生原有语言认知能力的合理发掘和自觉运用会大大缩短外语学习的时间，使其克服外语学习中的畏难情绪，使外语学习变得轻松愉快。

个性化的英语语言体系建构中所涉及的语言规则的归纳和整合要基于对现代语言学诸学科最新研究成果的消化吸收，基于对教学内容的全面了解、系统分析和科学总结。规则要涵盖思维方式、语言表达、结构转换和遣词造句各个层面，以纲带目、以目释纲、环环相扣、步步联系；要具有科学性、全息性、简洁性、可重复性、递归性和可操作性。规则的可推导性和解释力要能给学生以全新的感觉，激发学生的学习兴趣和成就感。

教师应大力改进教学方法，充分发挥学生英语学习的主动性与创造性，将应试教育转为以培养学生语言应用能力为宗旨的素质教育。语言教学的关键不在教而在学，语言教学不在教师做什么而在学生做什么，学生如果没有加工知识的过程，没有运用交际的机会，他们的语言学习就只完成了进程的一半。因此，英语课堂教学应该以学生为主体，教师应尽可能多地把课堂时间让给学生进行语言实践。教师应运用正确的指导方法，培养学生的观察能力、思维能力、想象能力、交往能力及合作精神。

传统的大学英语教学方法就是教师将大量的时间、精力花在句子结构分析、语法结构和词汇的讲解上，教师往往讲得过多过细，他们以为给学生讲得越多，学生就会学得越多。其实这种教学方法事倍功半，得不偿失。教师占用课堂绝大部分时间进行词汇讲解、句子结构分析，学生在课堂上没有任何的思考时间，只是不停地记笔记，课后照着所记的笔记死记硬背，没有获得任何语言实践的机会，无法将知识转化为能力。课堂气氛不活跃，易使学生失去兴趣。因此，要想培养学生的语言应用能力，必须以学生为主体，充分调动他们的积极性和创造性。

第三节 大学英语教学方法和手段的改革

一、教学方法的改革

善用教学方法是大学英语教学改革的关键环节。英语教学方法有很多，如语法－翻译法（grammar-translation method）、直接法（direct method）、听说法（audio-lingual method）、认知法（cognitive approach）、交际法（communicative approach）、自然法（natural approach）、沉默法（silent way）及暗示法（suggestopedia）等，它们都对外语教学理论和实践的发展做出了巨大贡献，但也都是不同时期不同教学理论的产物，是在一定的历史条件下为达到某种特定教学目的的产物。它们一方面从各个侧面充实和丰富了外语教学法体系的完整性，另一方面又过分强调了某个侧面，各有所长，亦各有其不完善之处。

交际教学理论近二十多年来在国际上广泛传播，是当今国际外语教学界的教学法主流。交际教学法是在批判传统的语法－翻译教学论的基础上建立起来的，其中一个主要的原因在于传统的教学方法过分地强调语言知识的传授，忽视了语言技能的培养。交际教学强调培养学生的外语交际意识，提高学生主动的、积极的外语学习热情与应用能力。它改变了以往课堂教学被动的、单向灌输的、封闭的教学模式，使之向主动的、双向交流的、开放的教学模式转变。因此，我们可以把机械操练、有意义操练与交际练习有机地结合在一起。通过机械操练，使学生熟练掌握语言形式；通过有意义的操练，使学生能灵活应用所学的语言形式；通过交际练习，使学生逐步向真实交际靠近。在训练的过程中，不要过多地做语言形式的练习，要使语言形式与语言意义相联系，使语言形式与学生的生活实际相联系，从而使言语技能发展为运用语言进行交际的能力。

近年来，国外一些新的教学方法被介绍引进，拓宽了英语教师的视野，也给英语教学注入了活力。广大英语教师积极投身到英语教学方法的改革研究和实践之中。但是，不少英语教师在为改革开放以来英语教学面临的大好形势感到欢欣鼓舞的同时，又被不断介绍到国内的外国新的教学法累得无所适从，致使英语教学法的研究和实践在某种程度上陷入了一些误区。面对各有所长的教学方法和日益高涨的更新教学方法的呼声，我们应该保持清醒的头脑。当今世界上并不存在一种能适应各种情况的万能教学法。正如天津外国语学院何建芬老师所言，没有哪一位教师用一种新的教学法代替旧的教学法后解决了旧的教学法中存在的所有问题，也没有哪种教学方法可以一下子使所有以往的语言学习失败者变为成功者。因此，外语教师切忌为了赶时髦，盲目地否定那些行之有效的传统教学法，一味地推崇某一种教学方法，而应该博采众长、为我所用。要根据具体情况，基于需要和可能，运用各种教学法中最有效、最适用的部分，逐步形成各具特色的教学方法体系。归根到底我们就是要建立轻松和谐的课堂气氛，这样才有助于学生积极思考，有助于教学效果的提高。在教与学的双边活动中，教师对创造轻松和谐的课堂气氛起着主导作用。

（一）通过课堂提问，激发和诱导学生积极主动参与课堂教学，活跃课堂气氛

外语课是一门实践性很强的课程，没有大量的语言实践，是不可能掌握好语言知识的，更谈不上运用语言进行交际的能力。掌握好课堂提问这一重要的教学手段，便能有效地促进学生积极参与课堂教学，活跃课堂气氛，达到不断提高外语教学水平的目的。想要利用好课堂提问这一教学手段，教师需要注意以下几个方面的问题。

1. 运用启发式的教学方法，调动学生学习的积极性

要使课堂教学的内容为学生所掌握，作为教与学双边活动中的教师，不仅要对各教学环节有缜密的考虑，尽量安排好课堂的各个步骤和细节，而且要对教学活动的发展情况有所预计和估量，对可能出现的各种问题有比较充分的思想准备。同时，教师还要注意运用启发式的教学方式，调动起学生的积极性和主观能动性，唤起学生的求知欲望。这也是保持轻松和谐的课堂气氛的一个重要方面。启发式教学的关键是创造一种情景，诱发学生产生疑问、提出问题，激起学生积极的思维活动和求知欲，使学生置于教学活动之中，从而培养学生思考问题和分析问题的能力。

2. 充分了解学生的语言基础，做到因材施教

教学的对象是学生，教师对学生要有所了解，主要包括了解学生已掌握的知识情况、学生的知识水平和语言能力等方面。只有充分了解了学生，在课堂教学、课堂提问中，才能做到有针对性，力争在每堂课中让每个学生都积极参与，让他们在轻松活跃的课堂气氛下学习。例如，对一些创造发挥和扩展性的问题，

最好先让学习优秀的学生来回答。因为回答这些问题须具有一定的语言综合能力和口头表达能力。对一些旨在检查学生对所学材料的理解和掌握程度的问题应多提问中下水平的学生。如果这类学生也能顺利回答，这说明全班绝大多数同学都较好地掌握了所讲的内容。在提问中，千万不可冷落那些学习较差的学生，可以为他们准备一些比较简单的是非判断题，或者比较简单的可以直接从课本中找到答案的问题。

3. 教师在提问过程中，对学生犯的错误应采取正确的态度

学生在语言交流过程中，难免会出现一些错误。如何对待学生在学习过程中出现的错误，各学派存在着不同的观点。行为主义心理学认为，语言学习是个刺激—反应（stimulus-response）的训练，应有错必纠。功能派心理学认为，学生在使用语言进行交流的过程中，犯错误是正常现象，它的出现属于不完善语言向完善语言的过渡。这种错误不必纠正，他们会在以后的语言交际活动中逐步纠正，只要在不影响完整理解的情况下，可大胆放手。笔者认为，在实际教学活动中，教师应避免过多纠正学生交际过程中出现的错误。学生本来就担心自己的语言表达不规范，担心给别人留下不好的印象，如果教师反复纠错，容易造成学生的心理负担和压力。学生怕犯错误，怕人笑话，因而采取“防卫式”的学习态度，不敢大胆开口，不敢参与课堂活动，在语言交流中，不注重自己想要表达的内容，而是考虑说的话有无语法错误。久而久之，会使学生感到课堂教学很压抑，一提起外语课，便如临大敌一般，思想极为紧张。在这种情况下，学生是无法掌握好语言信息的。对一些不影响交际和理解的错误，教师应采取宽容的态度；对于影响交际和理解的错误，教师应视具体情况加以引导，如采用“You mean...?”“You say...?”等句型对学生说错的地方加以澄清。除引导以外，教师还可以采取让学生自己纠正的方法，即让学生自己意识到错误，然后自己加以纠正。教师发现学生的错误后，以不同的形式反复不断地重复正确的句子，学生随即会意识到他们自己所说的与听到的内容不同，于是自己将错误纠正过来。

（二）运用多样化的教学方法，启发学生思维，活跃课堂气氛

为了使课堂教学生动活泼，吸引学生的注意力，使其身心都投入课堂学习，教师的应根据不同的教学内容，交替使用各种教学方法，这样才能调动学生的积极思维，提高学习效率。例如，《核心英语》第一册第八课“London”一文对英国首都伦敦进行了介绍。这篇课文内容简单，大多数学生在经过预习后都能够看懂。在讲解此课时，如果按照课文的顺序一段段平铺直叙地讲解，极易

使学生感到学不到什么新的内容，从而造成学生注意力分散。针对这种情况，笔者在讲解此文时，首先利用一幅英国地图来简单地介绍背景知识，如英联邦构成及 England、Britain、The United Kingdom 三个名称的不同含义。然后转入课文，即对首都伦敦做介绍。在讲解课文时，笔者不是照本宣科，而是利用归纳法把有关伦敦的信息归纳为五个方面，即人口（population）、旅游（tourism）、城市交通（city traffic）、历史（history）、建筑艺术（architecture）。然后引导学生就这五个方面对伦敦的情况进行分析、讨论、总结。如关于伦敦的人口方面，学生便可总结出伦敦的总人口（the total population of London）、伦敦市区的人口（the population of inner London）、伦敦外区的人口（the population of outer London）及年轻人在人口中的比例（the proportion of young people）等。这样，就把课文中有关伦敦人口的诸多分散的、零散的信息总结了出来，从而达到了外语教学以获取信息为主的目的。由于已对课文内容进行了总结，在讨论时，学生发言非常积极，课堂始终保持着非常活跃的气氛，这样学生就在不知不觉中提高了学习的兴趣，收到了良好的效果。

在外语教学过程中，教师应注意直观教具的使用。利用直观教具进行外语教学，不仅可以使外语教学过程变得生动、形象、直观，加深学生的印象，强化学生的记忆，而且容易引起和保持学生的学习兴趣，最大限度地调动学生的学习积极性。例如，在《核心英语》第一册第四课“Christmas”一文中作者对与圣诞有关的风俗进行了介绍，文中提到了圣诞音乐、圣诞树、圣诞卡片等。笔者在讲授此课文时，利用了许多直观的教具，如各种彩色的圣诞卡片、外国人欢庆圣诞的彩色照片等，并在课间休息时间里，为学生放了几首著名的圣诞歌曲。这种直观的教学引起了学生的兴趣，调动了学生学习的积极性。

（三）通过英语游戏、竞赛的方法，激发学生的学习兴趣，活跃课堂气氛

心理学家认为，兴趣在学习中起着十分重要的作用，它往往成为学生乐于刻苦钻研、勇于攻克难点的强大动力，因此，在教学过程中，教师应自始至终地注意这个问题。教学方法的多样化、直观教具的运用是调动学生积极性的有效手段。而英语竞赛、游戏在这方面也有着非常重要的作用。英语竞赛、游戏可增加学生学习英语的兴趣和信心，有助于培养学生开口的习惯和能力，同时游戏又可以缓和课堂的紧张气氛，消除学生的课堂疲劳，形成轻松和谐的氛围。教师在正常的教学过程中，应随时发现课文中有助于组织英语竞赛、游戏的材料。

有时，在课前、课间休息或临下课几分钟可为学生播放一些优美的英语歌曲，并把留有空格的歌词印发给学生。学生对这些歌曲十分感兴趣，跟着录音反复学唱，认真地听，希望把所缺的歌词听出来。学生对此做法反映非常好，认为这样有吸引力，不仅能消除疲劳、活跃气氛，而且可以帮助他们训练听力和语音，还有助于记忆单词。

利用竞赛、游戏的方法进行外语教学，给学生一种摆脱了教师控制的轻松感，可以使学生始终保持浓厚的兴趣。学生把争强好胜的心理带到课堂中，促进了积极思维，从而活跃了课堂气氛。当然，创造轻松和谐的课堂气氛并非一味地迎合学生的口味，投其所好，其目的在于淡化学生的防卫意识，提高单位时间的教学效果。

总之，外语教学过程是教师引导学生利用语言这种交际工具进行交际的过程。在课堂教学中，教师要以自己满腔的热情、充沛的精力以及认真细致的备课去感染学生，让全班学生始终以积极的态度参加教师所设计的各种各样的训练，使人人都有收获，从而达到运用语言进行交际的目的。

二、教学手段的变迁

加入 WTO 后，我国与世界经济的融合程度逐渐加深，旧产业的淘汰、新产业的诞生，必然推动人才的知识、能力、素质的快速更新，接受英语教育已成为越来越多人的迫切需要。这从根本上刺激着英语教学手段的发展。

教育本身作为一种服务性行业，在加入 WTO 后也直接面对着外来的竞争，一本教科书加一支粉笔这种传统教学模式已经不能适应社会的发展。国内外英语教学专家普遍认为，我国大学英语教学正酝酿着一场新的变革。随着计算机和信息技术的迅猛发展，网络远程教学、多媒体课件等将成为英语教学的崭新手段。

正如教育部高教司司长张尧学在谈到英语教学改革时所说，目前的英语教学模式还是黑板、书、粉笔、教师加课堂的方式，有的也用一点多媒体技术，但改变不大。由于学生数量多，有的学校甚至二三百人在一个班上大课，只能是教师讲讲语法、翻译，再讲讲课文和笔头练习，教授口语很难。如果再不改变，不但影响教学效果，还会导致学生的学习兴趣下降。

教育部对申报改革试点的高校，在利用现代教育技术方面提出了严格的要求。强调新的教学模式应以现代信息技术，特别是网络技术为支撑，使英语教学朝着个性化学习、不受时间和地点限制的学习、主动式学习方向发展的同时，应体现英语教学的实用性、文化性和趣味性相融合的原则，充分调动师生的积极性，尤其要确立学生的主体地位。可见，教学模式的改革无疑是大学英语教学改革的核心。为适应大学英语教学模式的变化，提高大学生的英语综合应用能力，必须采用国内外优秀的教学资源和先进的计算机网络技术，精心设计开发大学英语教学多媒体课件。为集中体现教育部大学英语教学改革的精神，加强实用性英语教学，突出和加强大学生听说与交流能力的训练与培养，我们应注重和强调学生的中心地位，促进个性化学习和自主学习，以解决目前大学英语教学所面临的师资不足、语言环境缺乏、教学观念和手段落后、重结果不重过程、学生的听说表达能力较差等问题。

（一）基于网络的教学手段

随着计算机技术的发展，电子邮件和国际互联网不仅成为交际的手段，而且人们逐渐认识到它的教育功能。高速的网上查询、大范围的网上聊天以及专业内的新闻组的建立为英语教学添上了现代化的色彩。英语学习从教室移到全球，从书本移到现实，远程网上教育、虚拟大学、虚拟图书馆如雨后春笋，层出不穷，使英语教学的效率大大提高。由于基于互联网的英语教学组织逐渐增多，国际交流日趋频繁，英语教学质量将得到大幅度提高。

大多数人仅仅把互联网当成信息的载体，其实它真正的意义就在于信息本身，并且 80% 以上是英语信息，难怪有人把互联网称为盎格鲁 - 撒克逊（Anglo-Saxon，指纯正的英语）网络。网络本身提供了一个英语资源的空中大宝库，它包含了新颖、广泛、生动、实用的英语素材，能够带你进入一个丰富多彩的英语世界，让你教好英语或学好英语。

网络教育是目前实现继续教育和在职教育的最佳解决方案，而且因其符合建构主义教育理论而使得它在英语教学手段的改革中举足轻重。建构主义强调教学应以学生为中心，充分发挥学生在学习过程中的主观能动性，而不是以教师为中心、学生被动接受的传统的教育模式。基于网络的英语教学是信息时代计算机和通信技术应用于教育的新形式，它实现了适应性学习和智能化教学，所有的课程内容在网上发布（甚至可以包括听力练习）。学生在网络上学习，并完成作业，甚至参加考试；学生在网上参加讨论，向教师咨询，并可获取标准答案；所有教学计划安排都在网上发布，学生还可从网上注册或获取成绩单。

基于网络的英语教学具有以下主要特点。

1. 多样性

基于网络的英语教学的内容和形式都突破了传统教学的局限，具有丰富多彩的特点。在互联网上，教师可以通过多媒体信息（图像、声音、动画、影像、文字等）的呈现，为学生提供一个形式生动新颖、内容包罗万象的教学环境。

2. 交互性

在互联网的支持下，教师和学生在英语教学过程中可以相互沟通进行双向交流。学生可以通过网络向教师提出问题，教师也通过网络给予学生解答。

3. 实时性

通过先进的通讯和网络技术可以实现异地的同步教学，实现教师和学生的实时交流。

4. 针对性

学生可以针对自身情况自主地安排学习，包括学习的内容、时间和进度；教师可以根据学生的学习情况（包括进度和效果）及时地调整教学内容，有针对性地、个别化地“因材施教”，以使学生达到最佳的学习效果。

5. 共享性

网络的重要特征就是信息资源的共享。这些信息来自不同的国家和地区、不同的学科领域，所有的网上用户都可以共享这些信息资源。

6. 开放性

教学内容总是最新的、开放的，它克服了传统教学手段在时间和空间、教学内容以及教学对象上的种种局限。

基于网络的英语教学信息量大、方式灵活新颖，在网上学习真的如同在知识的海洋中遨游。网络教学还可在很大程度上解决跨区域师资优化组合分配的问题。

网络英语教学主要采用两种教学模式：一是同步式教学模式，它是采用定时的方式，实现实时交互的多媒体教学模式。实现手段以视频广播和 IP 组播等为主。二是异步式教学模式，它是采用非实时交互的多媒体教学模式。实现手段以 web 浏览和视频点播方式为主。

视频广播、视频点播、IP 组播、email、FTP、BBS 等不同的实现手段各有其优劣，不同的手段适用于不同的教学模式和教学环境。学习者可以在互联网上通过视频广播实时观看名师的授课内容，也可以视频点播已有的教学录像或多媒体课件。此外，教师可以将教学内容编制成超文本标记语言文件，放在网络上，学习者通过浏览网页的方式学习，可自己支配学习的时间及内容。学习者可以利用 email 或 BBS 向教师求教或提交作业；教师可以通过 email 或 BBS 来答疑、发布教学安排、教学计划甚至作业等。需要强调的是多种技术的同时使用比只使用单一技术的教学效果要好得多。

（二）基于多媒体的教学手段

计算机多媒体技术是指人与计算机通过多媒体对话，即人可以通过键盘、鼠标、声音甚至动作等向计算机发出口令，计算机可以通过屏幕的图像、文字、声音及影像与人对话。具体地说，计算机多媒体技术应用于外语教学有如下作用。

1. 提供交互式学习环境

通过学习者与计算机之间的一系列相互作用完成各种教学功能。计算机提供信息—学生反应—计算机进行判别与处理，这种工作可以反复进行，直到计算机认为学生已学会为止。这种交互式的方式使学生能及时得到回馈信息，知道自己做对多少，做错多少，以及为什么错等，随时了解自己的学习情况，不断调整自己的学习步调、速度及难易程度。这样就可以改变传统课堂教学中强制学习程度不一的学生被动地接受同一模式及步调的严重缺陷，可以做到因材施教、因需施教，发挥每个人的最大能动性，激发他们的求知欲。而且，在这样的学习条件下，学习者精力集中时间较长、记忆力强、不易疲劳，有利于学生的身心发展。学生还可以通过分段放像、选择放像、定格观看等形式充分理解所看资料的内容，这些都是由学生自己控制的。然后，根据有关内容口头回答计算机提出的问题，通过人机对话模拟教师已与学生的双边交谈。就这种人机交流的功能来讲，以前的任何一种教学媒体都是望尘莫及的。总之，计算机多媒体技术使学生主动参与学习过程、个别教学及独立获取知识信息成为可能。

2. 创造良好的语言环境

心理学研究表明，外部环境对受传者有较大的影响。要培养学生的交际能力，为学生创造英语语言环境，提供语言实践的条件和机会，最大限度地克服非英语环境下进行外语教学的局限是非常必要的。我国的学生每时每刻都处于一种本族语的环境中，即使在英语教学中也侧重书本教学，课堂上很少能听到地道的英语。因为教师在课堂上大多使用课堂式英语，学生无法准确地使用交际语言。当然，让每个学生都置身于目的语的学习环境中，或大量引进目的语教师，也是不现实的。计算机多媒体技术在弥补这一缺陷、创造外语环境方面具有十分明显的优势。由于多媒体的信息存储与处理过程都是数字化的，因此最有利于实现高质量的图像与声音的再现。学习者不仅可以听到地道的语音、语调，而且能直接看到对话的环境和现场，说话人的表情、神态和姿势等，从而使自己有一种身临其境的直观效果，有助于他们对语言的理解、吸收与模仿，使他们不知不觉地进入用英语思考和解决问题的境界。总之，多媒体技术为语言教学提供了丰富的学习环境，能使教材的思想性与艺术性充分地结合，逻辑性与直观性同时并重，创造出与讲授内容相关的丰富生动的语言环境，不但对学生具有极大的感染力，而且增强了他们的联想能力。学生在这种交际环境中相互感染、相互学习，逐步提高自己的语言能力。

3. 使所传输的信息便于接收记忆

心理学实验的资料表明，在一个正常人的五官对于知识的吸收率中，视觉所接收的信息占 83%，听觉占 11%，嗅觉占 3.5%，味觉占 1%，触觉占 1.5%。五官中，视、听器官的吸收率占 94%。显而易见，视觉和听觉在感知方面起的作用最大。多媒体教育模式可以做到声图并行、音像并茂，把学习者的视、听等感官有机地结合起来，刺激多种感觉器官，有利于调动学习者的主观能动性和积极性，从而可获得较高的知识信息接收效率。

计算机多媒体技术具有交互性、形象性和高效性等特点，可以使学生获得学习主动权，从中激发学生的学习兴趣，提高学习效率；同时还可以减轻教师的部分工作负担，特别是能使教师从繁重的讲授及批改作业中解放出来，以便他们将更多的时间投入教学改革、进修或提高业务水平等工作中。

目前，市场上的英语教学多媒体软件也不少，如“社交美语”“实战听力”“办公室英语”“商贸英语”等，它们从技术上来讲已研制得较为成熟，充分地发挥了多媒体在辅助外语教与学中的作用。但这些软件的学习内容与大学师生对它们的要求有一定距离，尤其缺少一种以大学英语教材为基础，旨在为教师的教学提供丰富资源和为学习者的学习提供良好环境的软件。

同样需要引起我们注意的是，不能将这种新的教学模式等同于趣味教学。在大学英语教学中需要强调学习的趣味性，但不能只片面强调趣味性。为了提高学生的学习兴趣，许多教师做过多种尝试，如在课文的讲解当中加入大量的英语文化背景知识、讲英语小故事、教授英文经典歌曲等，有些教师甚至把英文原版影片带到课堂上给学生观摩，有的教师还自制了“很有趣味性”的多媒体课件。事实证明，过度地使用以上手段，虽然会在短期内激发学生的学习兴趣，使学生变得爱上英语课了，但学生只对这一部分有意思的“教学内容”感兴趣，而当教师真正切入正题时，他们就开始左顾右盼，注意力分散，甚至变得不耐烦起来。因此，学校和教师在按新的教学模式要求选用或开发多媒体课件时，一定要围绕教学目标和教学效果展开，而不是片面强调“趣味性”。教师在按新的教学模式组织教学活动时，切忌“迷失自我”，千万别忘记自身的职责。

第四节　大学英语教学场所和考试形式的改革

一、教学场所的变迁

（一）发挥图书馆英语教学的优势

近年来，随着大学教育的不断升温，高校图书馆事业发展迅速，馆员队伍素质明显提高，馆员队伍的学历结构、职称结构比过去有了较大的改善。

数据库资源建设是图书馆为读者服务的基础，是图书馆自动化的重要组成部分，也是实现资源共享的重要环节。近年来，图书馆馆员的信息素质和科研能力不断增强，先后开发了“高校图书馆智能采购系统”“多媒体光盘镜像数据库”等数据库系统，初步形成了一批具有馆藏特色的数据库，而且数据库载体也呈多样化特点，有文字型、图像型、光盘型、网络数据库等。特别是“多媒体光盘镜像数据库”，其中存有大量的计算机及英语学习光盘，使读者获取文献资源的形式从单机版提升到局域网版，实现了光盘资源的共享，也极大地提高了光盘的使用率。

高校图书馆拥有丰富的馆藏文献资源、多媒体资源及网络数据库资源，图书馆丰富的现实和虚拟馆藏为发挥英语教学辅助功能提供了有力的保障。现在的高校图书馆都藏有大量的英语类图书，其中包括大量的与大学英语教学有关的资料，还有专门的视听室，学生在那里可选择各种磁带和英语多媒体光盘。此外，学生还可从校园网上下载英语四、六级考试学习资料，供考试复习用。

发挥图书馆的教学辅助功能，首先必须得到高校领导的大力支持。其次，须有教务处、外语系等有关部门的密切配合，共同建设。最后，须有一定的经费保证，尤其是多媒体网络教室的设备添置和数据库资源的开发，需要一大笔资金的投入。

1. 确立四、六级考试信息为特色馆藏，建立相关的数据库图书馆

可根据各校教学需要，把四、六级考试信息定为特色化馆藏，并进行重点建设。各高校要改善文献资料结构与馆藏布局，整理和补充相关的文献资料、光盘、磁带等。此外，技术人员可用 Access 软件制作四、六级考试信息数据库，然后用 ASP 技术动态生成网页。读者通过浏览网络服务器，访问网页。数据库的信息应包括大学英语教学大纲，英语四、六级考试要求，英语水平测试题集，大学英语听、说、读、写、译等项目的考试复习方法，四、六级考试常备图书目录等。

2. 建立多媒体网络教室

应用语言学家科德曾说，“我们实际上不能教会学生一门语言，我们只能为他们创设一个适合外语学习的环境”。多媒体网络教室具有网上交互功能和强大的信息服务功能，是理想的语言教学环境。建设多媒体网络教室，必须给每位学生配备一台电脑、一台录音机和一副耳机。管理上应创设英语交流环境，规定进入该教室的师生必须用英语交流，忘掉母语，并配备英语专业馆员加以培训指导。师生可在此教室开展多项语言活动：①开展常规听说教学；②访问网上英语学习资源（站点）；③开展网上教学；④访问四、六级考试信息数据库。

3. 加强参考咨询服务

高校图书馆可设立四、六级考试咨询服务台，由英语专业馆员直接面对学生，回答学生所咨询的问题。馆员必须具有良好的精神风貌、热情细致的服务态度，熟悉大学英语教学大纲，并尽可能用英语交流。也可邀请外籍教师一同参加服务工作。图书馆还应加强虚拟咨询台的建设，目的是让读者通过网络获取馆内外的参考资料和提出咨询。在网络环境下，读者可得到有效的资源引导和24小时参考咨询服务。

4. 改善环境

图书馆应努力营造一个良好的英语学习环境：一是用艺术作品美化环境。如在走廊内可布置英美科学家和文化名人的画像或雕塑，也可挂一些西方油画作品。二是建设语言环境。馆员服务时应尽可能用英语交流，馆藏分布、读者须知和各部门的标牌应用英语书写。三是拓宽教学时空。设立英语调频电台，或利用校园广播在中午和晚上播放，内容可是四、六级考试听力试题，英语故事及笑话，以及 CGTN 等的英语新闻。

5. 做好学生的个别辅导工作

根据因人而异、因材施教的教学原则，对不同的学生应采取不同的教学方法。图书馆应发挥自身优势，对学生实行个别辅导。它通过馆员导读或检索系统，向优秀的学生提供他们所需的文献、信息，满足他们的求知欲；同时可以向成绩落后的学生提供相应的学习辅导材料、学习方法等，帮助他们赶上教学进度，提高成绩。馆员还应与各系部和外语教师加强联系，了解学生的英语学习情况，开办英语基础知识辅导班，探索帮助差生取得进步的新路子。

6. 及时反馈信息，开展课外活动

图书馆应把学生咨询的问题加以归纳、整理，并及时反馈给英语教师；还可邀请英语专家来馆做专题讲座，举办学术讨论会、报告会等。此外，图书馆还应重视第二课堂的建设，提高学生的学习兴趣，激发他们的学习积极性，如开展英语诗歌比赛、戏剧表演赛、英语电影配音赛、英语角、英语网页制作比赛等。

（二）发挥网络第二课堂的作用

1. 网络辅助英语教学的优势

（1）有利于建立以教师为指导、学生自主学习的教学模式

传统课堂教学中，教师是主导，是知识的传播者和灌输者，学生是被动的接受者和被灌输的对象。在这种模式下，学生的积极性和自主性得不到发挥，学习效果自然要大打折扣。网络的运用可以使教师和学生在课堂上的角色发生变化：教师成为课堂的组织者，学生是信息加工的主体。课堂真正地成为学生的课堂。如上课前先确定学习目标，包括阅读课文，了解课文大意，学习重要词法、句法，完成阅读练习；然后确定任务，包括读懂课文并能判断对错，根据文章提问并回答，复述；最后让学生进行自主学习，告诉学生上相关网站搜寻并阅读相关资料。学生经过个体学习、小组研讨等方式研究学习内容，并通过自己的实践得出结论，使学习的过程更直接、更具体。这种新型教学模式的效果是显而易见的，学生的积极性被调动起来了，自主学习，其乐无穷。如此良性循环，学生的学习劲头越来越足，课堂成了学生自由驰骋的天地。

（2）课堂信息量增大，教学密度增强

网络辅助英语教学有着传统媒体不可比拟的优越性，这种教学采用多种承载信息的媒体，如声音、文字、图像、视频等，具有“图文声并茂”的优势，可以容纳更多的教学信息，增强教学密度，充分调动学生的各个学习器官。例如，《大学英语》第一册第十课“Going Home”，教师可事先在网站下载与课文内容相关的英文歌曲和电影，并把歌词处理成完形填空练习，学生一边欣赏歌曲一边完成该练习，或者在观看英文电影的同时，记录影片对话，这样就训练了听力。通过这些练习，学生对课文表现出了极大的兴趣，更容易理解课文。

网络对英语教学的作用具体表现在以下几个方面。

第一，有利于建立交互式的学习模式。交互式学习充分体现了学生的主导地位，实现了从以教师的教为中心向以学生的学为中心的转变。交互式学习侧重让学生掌握获取知识的方法，使他们具备获取知识和自我更新知识的能力。教师的重心由知识库型向指导型转化，注重培养学生的创造性思维和创新能力。

第二，有利于实现分层次教学和个别化教学。关注每一个学生，关注每一个具有差异的学生是新课改建设强调的重点，然而，在现实的教学中，教师只能满足大多数学生的需求，不可能照顾到每一个学生，在这样的课堂上，学生的个体特征得不到体现。那么，网络的优势使得分层次教学和个别化教学成为可能。网络使学生能够共同享有网络资源。学生可以根据自己的实际情况选择目标，完成学习。在学习的过程中，教师可以先让全体学生学习基础目标，通过反馈练习了解学生的学习情况，完全掌握的学生即可以转入拓展目标的学习，未掌握的学生则继续学习基础目标。这样教学就可以实现因材施教了。

第三，有利于培养学生的学习兴趣，注重"授人以渔"。电脑和英语是现代人必备的两项工具。如何将这两者协调统一起来，让电脑更好地为英语学习服务呢？网络为我们提供了绝佳的媒介。在英语阅读中，学习者可以充分利用互联网的优势，浏览英文网站，直接阅读原版材料。教师确定阅读主题，提供相应的网站或文章，学生上网自主浏览，然后整理出阅读笔记，以供课堂交流。学生养成了网上阅读的习惯，英语还有何难？此时学生已不是纯粹为学英语而学英语，而是学以致用，边学边用。兴趣是最好的老师，一旦学生对所浏览的文章感兴趣，阅读过程中遇到的生词他们肯定会想办法解决，长此以往英语词汇量自然会激增，阅读能力自然也就提高了。而且，通过上网，学生还可以了解不同国家的文化背景，开阔眼界，增长知识，拓宽思路，在学习英语的同时，电脑技术也得到了提高，两者相辅相成、相得益彰。

2. 运用国际互联网服务于英语教学的措施

在国际互联网上搜寻、获取并理解英语教学资料固然很重要，但是要懂得如何开发和有效利用则更具有实际意义。下面是笔者运用国际互联网服务于英语教学的一些措施。

（1）搜寻并获取资源，扩充英语教学资料

可以选择并编辑英语新闻，这些都是国际互联网每天免费提供的，我们可以把这些新闻改编成为完形填空或阅读理解，然后运用于教学中。我们还可以从国际互联网中选出优秀的外国学生文章介绍给我们的学生。然后我们还可以给学生提供一些网站，让他们在课余时间阅读一些国际互联网上的英语文章，特别是与课文相关的文章。

（2）下载软件，丰富我们的教学方法

许多教师通过努力开发了新的教学软件，而且他们非常乐于与同行分享其成果，甚至希望他人使用、试验其成果，并提出建议，使其得到进一步改进和完善。许多英语教学软件都可以从国际互联网上免费下载，其中不乏活泼、积极、有趣的软件，这是传统的教学方法不能比拟的。

（3）充分利用网络，认真备课，合理安排网络课程

教师应该在国际互联网上找到可以辅助教学的资料，然后给学生明确地指出要求和任务，并要求学生在规定时间内完成。

3. 延伸课堂教学

教师可以利用网际互联网提供的免费空间建立简单的网页，给学生展示一些相关的阅读与听力资料，要求他们当课后作业按时完成。当然，教师应该提供答案和解释。教师也可以将学生的答案上传到网上供其他学生阅读和参考，以利于学生相互交流。

网络在英语教学中的运用是非常广泛的，但是，网络教学也不是万能的，还有许多不足。网络教学与常规课如何合理、有效地结合，其道路漫长而曲折，还需要广大教师不断努力探索、学习交流。

二、考试形式的改变

（一）英语教学中辅助考试的多样性

阶段性测验是学科教学中的重要环节，是检验阶段性教学效果的重要手段。阶段性测验一般多采用笔试，在英语教学中多数也是如此。但这种考核方式对英语这个特殊学科（综合性工具课）来说有一定的局限性，应该加以改革。

英语作为一门语言课，应通过听、说、读、写、译五个环节来学习才能够收到预期效果。为更好地把握学生的领悟能力、理解程度、对课程的掌握水平，教师可有意安排独立的英语口语、听力考试和英语交流来填补笔试考试的不足。

1. 口语考试方式多样

首先，教师可以根据学生学过的知识准备多套试题。如读出 50 个单词或词组，然后译成汉语；读一段课文并译成汉语；同样是读课文译成汉语然后用英语回答教师提出问题；阅读课文找出本课的语法并说明；用英语复述课文；用课本中学过的单词、词组和语法口头造句，同时变成同义句；根据课文内容口头命题作文或即兴表演和演讲。

其次，由学生抽签选题型，每人任选其一，然后逐一在教师面前考试。这样进行英语阶段性测验有利于提高学生的英语口语表达能力，也考查了学生的基础知识和基本技能。

2. 听力考试精心策划

第一，根据所学精心准备多套试题。不同的班级回答不同的试题，同一班级的考试方式类似一些资格考试中 A、B 卷，并注意安排好座位，避免学生之间的抄袭，保证考试的公平、公正和严肃性。

第二，听力阶段性测验的题型。有的是听单词和词组，有的是听句型和句子，有的是听对话，有的是听课文或短文，有的是听小故事或小幽默等。

这样进行听力阶段性测验不受任何限制，灵活性强。大家知道，在英语综合考试中都有听力测试，但有一些局限性。如果不是每个考场都有串联的设备或多个语音室，每个考场同时备有录音机，那么考试就会很不方便。

而随堂进行考试，有时教师朗读，学生听写；有时放录音，学生按题中要求完成试题；有时学生听电脑里的资料，然后回答问题，就要灵活方便得多。同时，平常进行听力考试，其题型也比进行综合考试时多，因为时间可以更长或更灵活。另外，这种阶段性测验范围小，学生注意力容易集中，而且测验效果也不错。

（二）四、六级考试改革

大学英语四、六级考试经过近 20 年的发展，得到了社会的普遍认同，产生了良好的社会效益。但是，由于种种原因，英语四、六级考试仍存在一定的问题，如考试大纲是依据原来的教学大纲制订的，偏重测试学生的语言知识和阅读能力，对词汇的限制比较死，不能适应社会对学生实际英语应用能力的要求。为此，教育部有关部门通过深入调研，于 2005 年公布了《全国大学英语四、六级考试改革方案（试行）》（以下简称《改革方案》）。它的目标是更准确地测验我国在校学生（非英语专业）的英语综合应用能力，尤其是英语听说能力，以体现社会改革开放对我国大学生英语综合应用能力的要求。这里，我们尝试通过对《改革方案》的学习和研究，探讨其对相关的大学英语教学与学习可能产生的重要影响。

1. 四、六级考试计分体制和成绩报道方式的改革

这一改革更加明确了四、六级考试的宗旨，即为大学英语教学服务，提高学生的实际英语水平，有助于各校摆正教与考的关系。特别是“不设及格线”这一变化，减轻了广大师生面临通过率的压力，在一定程度上降低了由于四、六级统考给大学英语教学带来的负面影响。过去，很多学校由于对四、六级考试的目的和意义缺乏正确认识，把通过考试作为教学的最终目标，把通过率高

低作为衡量教学质量高低的唯一标准，从根本上忽视了按《大学英语课程教学要求》有计划、有步骤地培养学生听、说、读、写的语言交际能力这一目的。不是以教代考，而是以考代教，随意削减教学计划内容，并在课内外补充大量练习题或模拟试题实行题海战术，忽视了对学生进行基本知识讲授和技能的训练，未能真正提高学生的语言能力和交际能力，违背了四、六级考试的宗旨。

因此，四、六级考试计分体制和成绩报道方式的改革，意味着从原来单纯依靠四、六级考试测评教学效果逐步转向教学终结性测评与过程评价相结合上来，这将在很大程度上缓解各校面临通过率的压力，有利于各校根据自身特点和具体情况调整并制订出切实可行的教学目标，真正摆出四、六级考试与教学的关系，更合理地使用四、六级考试，以教代考，以考促教，使教学质量得到稳定提高，从而真正提高学生的实际英语水平。

2. 四、六级考试加大听力理解部分的题量和比例

这一变化凸显了听力教学在大学英语教学中的重要性，必将有力地推动大学英语听力教学的发展。教育部高教司司长张尧学多次强调，大学英语教学必须由培养学生阅读能力为主转变到全面提高学生综合性实用能力上，全面发展和提高学生的听、说、读、写能力。在大学英语教学中，听力教学是其中的一个重要部分。听、说、读、写能力的平衡发展不仅是全面掌握一门语言的必然要求，而且是促进英语水平提高的重要条件。但长期以来，高校学生的英语阅读水平和听力水平的发展极不平衡，虽然有长达两年的听力训练，但相对于其精读水平而言，大部分学生对听力仍然感到困难重重，因而听力教学成为英语教学的一大难点，学生听力水平的提高成为制约其英语整体水平提高的一道障碍。究其原因主要有两方面：其一，大部分学生对大学英语教学中听力的重要性认识不够，抱有“消极应付的态度”；其二，目前听力课的教材教法单一，缺乏趣味性和多样性，很难激发学生学习的兴趣。《改革方案》将听力理解部分的比例提高到35%，突出加强对学生英语听说能力的测试，把大学英语四、六级考试这个教学评价系统从原来的以评价语法、阅读、理解为主转变到以评价学生的听说能力为主的英语综合应用能力上来。我们完全有理由相信，它必定会引起教学行政部门、教师及学生的高度重视。同时，教材编写者、课程设计者以及教学研究人员也会受到一定的影响，这必将有力地推动他们对各自的工作做出相应的、更为合理的调整，以提高大学英语听力课堂教学质量，满足社会交际的需要。

3. 把阅读理解分为仔细阅读理解和快速阅读理解

四、六级考试改革在阅读理解考试方面也做了调整，即把阅读理解分为仔细阅读理解和快速阅读理解。除原来的多项选择外，还增加了选词填空、是非判断、句子填空等多种题型。这一调整完全体现了“阅读课应注重阅读理解能力与提高阅读速度并重”的教学原则，既有难度要求，又有速度要求，同时也符合现实生活的交际要求。21 世纪是经济建设高速发展的社会，只有赢得时间，才能赢得效益。这种调整对阅读的教学与训练提出了更高的要求，必然对提高大学英语阅读能力的教学的具体工作产生积极的影响。过去，为了阅读速度的训练，人为地降低阅读难度，与实际相脱离。今后，在培养阅读理解能力时，应根据实际情况，在保证一定难度的前提下加快阅读速度、加大阅读量，以适应用人单位的需要。

4.《改革方案》增加非选择性试题的比例

听力中的复合式听写、阅读理解中的选词填空及句子填空、综合测试中的简短回答及中译英等，一方面符合为社会培养听、说、读、写能力全面发展的复合型人才的社会需求；另一方面也提高了四、六级考试的科学性、客观性和公正性。过去由于选择性试题所占的比例较高，许多学生抱着侥幸心理参加考试，有的甚至出现考场违规行为，一定程度上影响了四、六级考试的信度，也使考风考纪受到严重的破坏。因此，这一变化有助于学生进一步明确学习目标，端正学习态度和动机，极大地调动了他们的学习积极性，同时也有利于维护考风考纪，更好地推动大学英语教学的顺利进行。

5. 进一步扩大口语考试规模

关于四、六级英语口语考试，有关部门将积极研究开发计算机化口语测试，以进一步扩大口语考试规模。虽然这只是中长期计划，但足以表明考委会对全面提高大学生口语能力的高度重视。对我国高等学校学生（非英语专业）的英语口语能力现状，我们必须有一个清醒的认识。也就是说，改革开放、经济高速发展的新形势对高校学生的口语能力提出了新的要求；同时，也对我国的大学英语教学提出了新的挑战。仅用传统的基础英语教学、测试模式已不能适应用人单位对新的复合型人才的需求。语言是交际的工具，学习英语的目的是获得以英语为工具参与国际交流的能力。口语成为四、六级考试的一部分，有利于培养学生的交际技能，也有利于推动以学生为中心的课堂教学模式的实施，对促进大学英语教学改革起着非常重要的作用。

（三）考试改革的目的

改革英语测试的最终目的是让测试更好地服务于课堂教学评价。为了得到更准确的评价结果，不仅要根据评价与测试目的调整测试类型，采取多样的考分解释方式，保证测试质量，而且应明确评价不仅仅针对学生，同时也针对教师的教学。评价结果是教与学的效果的反映。负责任的教师不能只是将学生测试时的好成绩与自己的教学相联系，而在学生成绩不甚理想时把责任推给学生。实际上，在测试、教材等条件均完备时，测试结果如果不好，我们是可以从教学上寻找根源的。之所以在英语测试中存在种种问题，很大程度上是因为教师对课堂教学评价不甚了解造成的。

1. 使测试行为与课堂教学评价要求一致

有效的教学评价可以帮助教师出恰当的教学决策——决定何时或怎样根据学生个体或群体需要调整教学内容、进度和方法，它与教学计划的实施有关。

课堂教学评价的要义之一是没有“最好的决策”。对一个教师或群体有效的教学决策也许对另一个教师或群体会是一种灾难，所以根据测试结果所做的决策要根据教学目标、教师和学生的能力及个性、教学风格、学生基础进行变化。要义之二是评价时既要清楚应达到的教学目标，又要明白理想目标与现实实践之间是有距离的，所以决策需要把握“度”，以恰当为妙。要义之三是评价要有计划，这样既不会错失评价时机，又能将整个进程记录在案，便于考查。要义之四是评价的方式应该多样且富于变化，因为每一种评价方式均存在弱点，而且决策不能只基于一次性评价，所以建立在能更真实地反映学生学习和教师教学情况的多次评价基础上的决策才可能是合理的。

2. 利用测试指导教学设计

由于教学从根本上关心的是学生是否达到课程目标，所以惯常的关于评价的思考方式是在课程进行中或结束时进行测试，以检查学生的学业成绩。然而评价并不需要等到课程结束时，这样只会削弱测试结果对教学可能产生的有益影响，因此我们应该在课程开始时就进行评价。课程开始前的评价与测试可以为教学设计提供决策信息，在课程开始时就能指导教学。它表现在可通过测试了解学生的整体状况、水平差异；明确学生的优势与不足，从而掌握学生的需要，根据测试结果制订合适的教学方案。

3. 利用测试调整教学方案

课程进行中的评价与测试可以使教师了解学生的努力成果，例如，学生在哪些方面有提高，在哪些方面仍存在问题，需要如何改进教学。它表现在可根据测试结果决定教学进度，调整教学方案，决定是否变更教学方法，便于学生接受；决定是否应对学生进行个别辅导。

4. 利用测试反思教学问题

在课程结束时进行评价与测试，所获得的信息可以用于评定学生成绩，明了教学目标的实现状况，教师这时已无法就测试结果调整教学决策，但这时的测试结果却可为将来的教学决策服务。教师应根据测试结果总结教学成功的经验，反思教学中存在的问题，思考怎样调整教学方案、方法才能更好地实现教学目标。

第三章　大学英语听力教学改革

随着教学改革的不断深入，社会发展对大学英语听力教学提出了新的要求，而听力教学一直是我国英语教学的薄弱环节，为此，我们必须正视我国大学英语听力教学面临的问题，了解听的教学着重注意点，明确教学内容与教学目标，并在此基础上探索大学英语听力教学的新方法，从而实现多元文化视域下的英语听力教学改革。本章将具体阐述上述问题，希望能为大学英语听力教学的改革提供理论上的支持。

第一节　大学英语听力教学面临的问题

一、教师方面的问题

（一）忽视对学生心理素质的培养

在大学英语听力教学过程中，很多教师只注重对理论知识的传播而忽视了对学生心理素质的培养，致使很多学生在接收到听力信息之后，由于过度紧张而无法在短时间内对接收到的信息进行具体有效的分析。对于学生在英语听力课上的焦虑心理，如果教师没有给予足够的重视并帮助学生克服这种消极心理，那么就会对学生的英语听力学习效果产生严重的影响。对有关资料的调查显示，一些学生的英语听力学习水平基本上是一致的，但其中有的学生心理素质不高，在上英语听力课的时候会出现恐惧、紧张的心理，这类学生的听力成绩会比心理素质好的学生差很多。因此，大学英语教师在培养学生听力能力的同时还必须重视对他们心理素质的培养，消除学生的心理障碍，提高大学英语听力教学的质量。

（二）教学模式机械

当前我国英语听力教学多采用“听录音—对答案—教师讲解”的教学模式。

这种模式下的听力教学不仅缺乏对学生的有效监督，而且忽视了学生对于语篇的整体理解。教师只是毫无目标地、机械地播放录音，一遍不行再放第二遍、第三遍，学生盲目地听，丝毫无法产生学习兴趣，教学效果自然不佳。

（三）缺乏适度引导

在应试教育的影响下，英语听力教学也多是围绕考试这个指挥棒而转的。教师大多将教学重点放在如何应付考试上，以考试的方式训练学生的听力，而不对学生做任何引导就直接播放录音。这就很容易使对生词、相关的知识背景等尚不熟悉的学生在听的过程中遇到种种障碍，不仅降低了学生听的质量，而且会使学生产生挫败感，从而对听力学习失去信心和兴趣。

与之相反的是，有的教师总是在播放录音之前对学生进行过多的引导，不仅介绍了生词、句型，还将材料的因果关系等一并介绍给了学生。这样一来，学生即使不仔细听，也可以选出正确答案，这就很难激起学生听的兴趣，听力教学也就失去了意义。

由此可见，如何对学生进行适度的引导是关系听力教学质量的一个重要问题，引导得太多或太少都会影响教学效果，教师应根据实际情况进行把握。

二、学生方面的问题

学生听力水平难以提高一直是我国大学英语听力教学面临的重要问题，究其原因，学生方面存在的问题主要有以下几点。

（一）听力基础薄弱

学生听力基础的薄弱体现在多个方面。

1. 英语基础功底差

很多学生即使到了大学阶段，所掌握的词汇量、语法仍然十分有限，对语音的识别能力还很欠缺。这些都直接成为提高听力能力的重大障碍。

2. 不良的听力习惯

我国的英语教学具有很强的应试性，这种环境不利于学生养成良好的听力习惯。另外，学生在课外也很少练习听力，从而导致他们的听力水平欠佳。

3. 畏惧听力

听力是一种综合的语言能力。听力技能的培养涉及理解、概括、逻辑思维、语言交际等能力的培养。

但在实际的英语听力教学中，很多学生因为跟不上语音材料的语速，且思维缓慢，而不能将听到的语音转化成实际的意义，因而听力效果不佳。也正因如此，学生对听力学习总是心存畏惧。

（二）缺乏英语国家文化知识

大学生缺乏对英语国家文化知识的了解是听力水平难以提高的重要原因。听力材料中不可避免地会包含一定的文化信息，如果学生对英语国家的历史文化、自然地理、风土人情、思维方式、行为习惯等不了解，也就不了解英语国家说话者的价值观念和思维方式，这些都会成为学生在听的过程中的阻碍，严重影响他们对听力材料的理解，甚至会使他们对听力材料产生错误的理解。

（三）对英语听力不够重视

受传统教学模式的误导，大多数中学英语教师不重视对学生英语听、说能力的训练，加上教学条件有限，学生很少有正式听英语的机会，致使母语思维一直处于主导地位，而英语和汉语在语音和表达方式上的差别很大，对母语的过度依赖严重影响了学生听力的发展。到了大学，学生过低的英语听力水平与过高的课程要求之间的矛盾使学生跟不上课程内容，英语听力课堂的教学效果也很差。虽然大学校园中有英语广播等节目，但这些资源非常有限，无法被学生普遍、有效地利用，大学生英语听力的学习仍然缺乏必要的语言环境。而在英语听力课堂上，由于学生的听力水平较低，教师不得不大量使用中文进行授课，如此更加强化了学生消极的思维定式。

（四）受英语四、六级考试的影响

在大学英语听力教学中，学生的心理障碍是影响其听力水平的内部因素。各院校对大学英语四、六级考试的过分重视也使学生对英语听力产生了误解。虽然大学英语四、六级考试听力比重逐年增加，但是一些学生认为自己的听力基础水平差，提高起来费时又费力，不如将时间和精力放在比重较大的阅读理解上，希望单纯依靠阅读理解就能得到合格的分数。

三、教学体制方面的问题

（一）课程设置欠佳

《大学英语课程教学要求》（以下简称《课程要求》）指出，各高等院校可以根据自身的实际情况，按照《课程要求》和本校的大学英语教学目标设计出各自的大学英语课程体系，将各类课程有机结合，确保不同层次的学生在英语应用能力方面得到充分的训练和提高。《课程要求》也明确规定大学英语课程的设计要充分考虑对学生听说能力的培养，且给予足够的学时和学分。

然而，在实际的英语教学中，听力教学并未得到应有的重视，很多高校在英语听力课程的设置方面游走于《课程要求》的边缘，一直压缩听力课程的学分。这主要是因为很多院校只注重专业课而忽视了英语课，在英语课程中也只重视英语精读课而完全没看到英语听力的社会性。此外，还有一些院校在课程改革中将听力课与口语课相结合改为听说课，这其实是在稀释听力课本就不多的课时与学分。在这样的情况下，学生的英语听力能力很难得到提高。

（二）教学评估单一

教学评估对于实现教学目标至关重要，是大学英语教学的重要环节。教学评估既是教师保证教学质量、改进教学管理、获取反馈信息的重要依据，同时也是学生改进学习方法、调整学习策略、提高学习效率的有效手段。在我国的大学英语教学中，教学评估一直左右着英语听力教学模式和教学方法的实施。各院校和各级教育行政部门也将大学英语课程教学评估视为本科教学工作评估的重要内容。

但是由于受“应试教育”思想的深刻影响，教学评估依然以学生的成绩作为唯一考核标准，很多院校更是以大学英语四、六级考试成绩来衡量学生的学习情况和教师的教学情况。这些都给大学英语听力教学带来了很大的影响。因为在大学英语四、六级考试中，听力只占百分之三十的比重，这导致很多教师和学生都将精力放在比重较大的阅读上面，在课时和学分的分配上也更侧重于精读，这些都不利于学生听力水平的提高。

（三）教材过于单调，缺乏真实性

目前，我国大学英语听力教材存在的问题主要有以下两方面。

1. 听力教材过于单调

我国现在的大学英语听力教学仍然还是一本教材外加几盒磁带的模式。大学英语听力的教学缺乏规范的、与课文录音配套的音像辅助资料，缺少必要的视听设备和科学理论的指导。很多教师将课文的录音磁带发给学生让学生课后自己练习，由于缺乏教师的监督和指导，学生往往毫无策略，而教师也无法从学生那里得到任何反馈信息。无论是教师还是学生，都没有很好地利用磁带。这种单调的听力教材使听力课堂气氛沉闷，学生很容易产生厌倦心理，严重影响了听力教学的课堂教学效果和学生的学习积极性。

2. 听力教材缺乏真实性

我国大学英语听力教学中使用的听力材料大多是由专家整理、改编，再由发音纯正的外国人士录制而成的。这种听力材料常被称为非真实材料或“人工”材料。非真实材料语言的节奏和发音语调都不太自然，说话没有自然的停顿和开始，也没有快慢的变化，内容好像不是说出来的，更像是读出来的，毫无真实语言的特点。学生使用这样的听力材料进行听力训练很难培养出在真实语境中交际的能力，听力水平也很难得到提高。

第二节　听的教学着重注意点

听，作为听、说、读、写四项技能中的第一项，是学生在学习英语和使用英语中运用最多的技能，因此，听力教学有着特别重要的意义。然而，在以往和目前的英语教学中，听却是四项技能的教学和运用中最弱的一项。据此，我们应当对听力教学中的问题给予高度的重视。

一、影响听的因素

听是一个人语言能力的重要体现，是一项看不见的认知操作过程。在大学英语听力教学过程中，学习者的听力水平会受到很多因素的影响，而影响学习者听的因素大体可分为主观因素和客观因素两大类。

（一）影响听的主观因素

说到影响听的主观因素，主要是从听话者的角度而言的，包括听话者的语言水平、背景知识、记忆力与注意力、学习方法与学习习惯，以及听话者的情感因素等。

1. 语言水平

听话者的语言水平主要受语音知识与词汇量的影响。

（1）语音知识

语音对于语言来说有着至关重要的作用，正确的发音是实现顺利交流的重要保障。很多学习者都遇到过这样的问题：在听的过程中，对于一些自己认识甚至是非常熟悉的单词或短语常常会分辨不出来，以致出现很多无法听清或听懂的内容。这一问题的根本原因就在于语音，如果学习者本身发音不正确，当他们听到某个词语时就很难在脑海中搜索到相应的正确词汇，自然也就很难理解所听材料的意思。

造成学习者发音不准确的因素主要有以下几点。

第一，学习者的发音不准是由于受害羞心理的影响。中国有很大一部分的学习者在英语学习过程中有着强烈的害羞心理，他们羞于张口，害怕因说错而被嘲笑。学习者在学习英语发音时，如果因为害羞心理而不敢开口练习，那么就很难掌握正确的发音规则，从而造成发音不准。

第二，学习者对语音的轻视也是导致他们发音不准的一个重要原因。有些学习者并不重视发音的作用，认为发音不重要，他们在学习单词的时候只关注单词的拼写与中文意思，对单词的音标视而不见，所以造成发音不准确。

第三，学习者不重视单词的发音，自然也就不了解发音的规则。发音规则是学习者掌握正确发音的重要前提，学习者掌握了发音规则就会在语音学习中有章可循；反之，没有发音规则的理论指导，学习者很难形成正确的发音。

第四，受地域影响而产生的方言对发音的影响也是不容忽视的。中国地域广阔，生活在不同地区的人会有不同的方言，这种地域的差异性会使一些学习者在英语学习过程中面临一些困难，对他们来说，在语音学习中会存在一些相对较难的发音，如 /l/、/n/、/s/、/v/、/w/ 等。

（2）词汇量

词汇量也是影响学习者听力水平的一个重要因素，词汇量的大小对学习者听力的理解程度具有决定性作用。有研究表明，如果一篇对话中的生词超过 30% 就会使听话者失去继续听下去的耐心和勇气。例如，美国和英国有时会用不同的词来表达相同的意思，例如，洗手间美国用 washroom，而英国则用 toilet。如果学习者不了解英美两国在词汇上的区别，没有一定的词汇量，在听力过程中就很难理解语篇的意思，听力水平自然得不到提高。

2. 背景知识

背景知识对听力理解有极其重要的作用。巴克曼和帕默把背景知识称为世界知识，指应试者储存在长期记忆中的知识结构，它给人们提供了一个使用与现实世界有关的语言的信息基础，因此所有的语言运用都涉及背景知识的使用。具体来讲，背景知识可以是关于某种文化的综合知识或设想，或者是关于某一学科或几门学科的综合知识，也可以是与某一特定话题有关的知识。很多学者通过研究发现，特定的背景知识对于学习者完成与之相关的测试题目有很大的帮助，而对于听话者来说，熟悉的内容材料更有利于他们获得更多的信息。然而，听话者的背景知识并不是独立发挥作用的，而是需要与其他因素交互作用，共同影响学习者的听力水平。

3. 记忆力与注意力

（1）听话者的记忆力

认知心理学认为听力的理解过程是一个由短期记忆、长期记忆和感知记忆组成的信息加工体系。感知记忆的作用是接收信息，一部分的信息会在其停留于感知记忆的瞬间而被识别，而在识别过程中，感知材料会与长期记忆中的信息产生联系，而联系的结果就是语言编码。信息经过语言编码后可通过两个途径达到短期记忆：一种情况是经过识别的信息可直接进入短期记忆；另一种情况是当感知材料和长期记忆中的信息发生联系时，长期记忆中的信息也可以进入短期记忆。进入短期记忆的信息便是受到注意的信息，是可用语言表达的信息。很多学者的研究都表明，听话者的短期记忆能力对于他们听力水平的高低具有重要的影响，短期记忆好的听话者能够在听力过程中正确识别更多的细节性信息和概念性信息，他们往往具有更高的听力理解能力。

（2）听话者的注意力

由于注意力的程度很难观察，也很难量化，所以人们往往忽略了听话者的注意力对其听力水平的影响。鲁宾认为，在听力过程中，听话者的注意力会对他们的记忆力产生影响，进而会影响他们对整个听力材料的理解。认知心理学认为，人们对听力材料加工的过程有自动过程和控制过程之分。自动过程速度快，毫不费力；控制过程则加入了注意力方面的控制。在自动加工程度低的情况下，注意力往往成为控制因素。

4. 学习方法与习惯

正确的学习方法和良好的学习习惯是提高学习效果的重要前提，在学习过程中，好的学习方法和习惯能够使学习者达到事半功倍的效果。

（1）学习方法

正确的学习方法能够有效提高学习者的听力水平，而错误的学习方法则不利于学习者听力水平的提高。在听力学习过程中，一些不合理的学习方法大大影响了学习者听的效果，因此要尽力避免。

首先，很多学习者在听的过程中过分追求听的数量。对于听力学习来说，一定量的听力训练是很有必要的，但部分学习者却主观地认为听力水平的高低完全取决于所听数量的多少。大量盲目的听力练习使学习者越听越糊涂，状态越来越差，最终失去学习的兴趣和信心。

其次，一些学习者没有合理地评估所选择的听力材料，认为听力材料的难度越大就越有利于听力水平的提高。这样不但不能提高学习者的听力水平，还会因为听力材料难度太大而使学习者产生挫败感，无法达到训练的效果。

最后，还有一些学习者忽略了自身的学习特点而完全模仿别人的学习方法，这是非常不可取的。因为对别人有效的学习方法，往往自己并不适用，有的甚至还会起反作用，影响学习效果。

（2）学习习惯

良好的学习习惯能使学习者在学习上更有优势，在英语听力学习中，好的学习习惯对于学习者听力水平的提高具有重要意义。为了有效地提高英语听力水平，学习者必须养成以下学习习惯。

首先，学习者要养成随题做笔记的习惯。在听力训练或考试中，学习者听到的对话或文章都具有短时性，仅凭大脑很难在短时间内完整、准确地将全部信息掌握。这时就需要学习者将一些重点信息随时记录下来，在这些信息的提示下，学习者才有可能将全部信息串联起来，形成网络。

其次，学习者要养成对听力材料做合理预测的习惯。通常情况下，听力练习或考试都是以填空题、选择题或问答题等题型进行考核的。题目中已给的信息必然会与将要听到的信息相关联，如果学习者在听之前先将所给信息浏览一遍，并在此基础上对将要听到的内容进行合理的预测，这样就可以在听力过程中更有针对性，极大地减小听力的难度。

最后，在听力过程中，学习者不要试图听清每一个单词，要将重点放在对所听信息的主要内容的把握上。如果学习者在听的过程中纠结于某一个单词的意思，就势必会影响对后面信息的获取，这样就无法从整体上把握信息，因小失大。

5. 情感因素

学习者的情感因素对其听力水平的高低也有着不容忽视的作用。

（1）学习态度

态度决定一切，只有摆正态度才有可能达到预期的目标。英语听力学习是一个互动的过程，学习者的学习态度对于学习效果而言是相当重要的。学习者只有积极参与到学习过程中，充分发挥自己的主观能动性，才能克服畏难情绪，持续提高听力水平。

（2）学习信心

信心是成功的重要前提。有些学习者在听力过程中存在畏难情绪，甚至在听力开始之前就给自己消极的心理暗示，一遇到难题就放弃，对自己没有信心，甚至怀疑自己听到的内容。所有这些信心不足的表现都不利于学习者听力水平的提高。

（二）影响听的客观因素

影响听的客观因素主要有听力材料和环境因素。

1. 听力材料

不仅听力材料的难易会影响听的效果，听力材料的类型也会对学习者的听力效果产生影响。概括来讲，听力材料可分为口语材料、书面语材料、听觉材料和视觉材料。

（1）口语材料和书面语材料

听力练习中使用的材料多为书面语材料，虽然这些书面语材料可能代表了电视播音、无线广播等非测试环境下语言使用的某些场景，但这并不能代表绝大多数的语言使用场景。书面语材料与口语材料有着本质的不同，一般口语包含更多的填充语、冗余信息或者停顿，这些填充语和停顿为听话者加工信息提供了更多的时间，而冗余信息更使听话者有机会对没有完全理解的信息进行再加工。

有学者研究发现，听力材料的口语化程度对听力效果具有重要的影响，口语化程度越高，听力练习的效果就越好。各种口语化程度不同的听力材料构成了一个口头语言 - 书面语言连续体，在这个连续体中所处的位置不同，材料的难度也就不同，但总的来说，口语化程度越高的材料其难度越低。但无论选择何种难度的听力材料，都应考虑到听力练习的目的和目的语使用的情景，如此才能保证听力练习的效果。

（2）听觉材料和视觉材料

大多数的听力材料在设计时都忽略了非言语信息在听力理解中的作用。有学者认为，典型的信息交流既包括言语信息的交流，又包括非言语信息的交流。在交流过程中，人们可以通过语言形式本身进行理解，也可以通过辅助性的语言特征（如语气、语调、音高、重音等）帮助理解，还可以通过非言语信息进行理解。说话者所有的身体动作都属于身势语行为，这种行为可以帮助听话者识别听力材料，并将其切分为若干语块做有效加工。然而现在的听力练习采用的都是音频录制的听力材料，听话者无法从中获取非言语信息的帮助，所以为了弥补视觉信息的缺陷，纯音频的听力材料在言语表达上往往要比实际生活中的口头语更加清晰。非言语信息是口头交流的一个重要方面，因此在听力练习中采用视频媒体来增加这类信息是很有必要的，但是这一构想还有待于进一步研究。

2. 环境因素

听力练习对环境和条件都有一定的要求，但在我国有很多院校都存在语音教室短缺的情况，并且很多院校对学生听力能力的训练并未给予足够的重视，缺乏训练听力能力的硬件条件，以至于影响了对学生听说能力的培养和训练。

此外，中国的英语教育现状使得学习者听到纯正英语的机会少之又少，学习者缺少了学习英语的语言环境，听力能力自然很难得到提高，再加上受到地域和方言的影响，部分学习者的发音不准，而学习者在语音、语调、单词发音方面的不足会造成他们在听力方面的障碍，使他们很难准确理解甚至根本听不懂听力材料。

二、听力理解的心理过程

听力理解与阅读理解的心理过程是一致的，一般都包括“选验”“预见”“验证”“肯定或修正”这几个阶段。所谓“选验”（sampling），即声音所传递的信息与以图式方式存储于听者大脑中的某种经验挂钩。所谓“预见”（predicting），即根据听到的信息，结合背景知识对材料后面要传达的信息进行主动的预测。所谓“验证”（testing），即用新输入的信息检验头脑中已形成的概念性预见是否正确。所谓“肯定或修正”（confirming or revising），即如果新输入的信息与所形成的预见一致，则予以肯定；否则，就要根据上下文修正预见，再做出新的选择与判断。

三、提高话语分析理解能力

听力理解和阅读理解一样，都需要整体理解、整体吸收。提高学生的话语理解能力是听力训练的根本目的。

教师要引导学生围绕话题，抓住材料各段的大意，借助关联词语，发现各段落之间在语义和结构上的内在联系，从宏观和微观的结合上连贯地理解听力材料的内容。

听过一两遍后，教师可以引导学生找出材料中的关键词语，把它们写在黑板上，让学生以这些词语为“路标”回忆所听材料的内容，然后再听。在听力理解过程中难免遇到生词或听不清的词语，教师要引导学生抓住句中或上下文中词语在意义上的相互关联和照应，推断这些词语的意思。

四、听力训练要有要求、有层次

每听一篇材料或其中一部分，教师都要对学生提出明确的要求。学生明确了听的目的，带着问题去听，才能集中精力，积极主动地去捕捉重要信息，提高听力理解的效率。

第一，对听力理解的要求与对阅读理解的要求有所区别。听力理解的重点要放在材料的主旨大意和关键信息上，而归纳总结和推理判断等深层次的理解题一般不宜在听力训练中使用。

第二，听力训练要有层次。学生第一遍能听出材料的大意就可以了。然后根据学生对材料的理解情况，由易到难，提出不同的要求，让学生再听。

第三节　大学英语听力教学的内容与目标

大学英语听力教学是我国英语教学的重要组成部分，对于人才的培养有着重要的影响和作用。下面对其内容与目标进行分析，从而为英语听力教学指明方向。

一、大学英语听力教学的内容

现阶段的大学英语听力教学应该包括听力知识、听力技能、听力理解和逻辑推理四个方面的内容。

（一）听力知识

听力基础知识是学生英语听力技能培养与提高的基础，主要包括语音知识、语用知识、策略知识、文化知识等。

语音教学是听力教学的重要内容。在实际的交际过程中，同一个句子会在发音、重读、语调等的变化中产生不同的语用含义，表现出交际者不同的交际意图与情感。在听力教学过程中，掌握英语的发音、重读、连读、意群和语调等语音知识对学生语音的识别能力和反应能力的提高有积极的促进作用。在教学过程中，教师还应对学生进行发音、意群、重读等方面的训练，训练内容既要包括词、句，也要包括段落、文章，使学生熟悉英语的表达习惯、节奏，适应英语语流，从而为学生提高听力理解能力打下坚实的基础。这种训练还能在无形中培养学生的英语思维方式，促进其二语习得能力的提高。

听力知识还包括语用知识、策略知识、文化知识，这些知识的科学教学也是提高学习者英语听力能力的重要手段。其中语用知识的学习能够帮助学生理解话语内涵，增加其对话语的理解程度；策略知识的学习能够帮助学生依据不同的听力材料和听力任务进行策略选择，从而提高听力训练的针对性；文化知识的学习对于学生日后英语的跨文化交际有着积极的促进作用，有利于不同文化背景下交际的顺利进行。

（二）听力技能

1. 基本听力技能

听力技能主要包括以下几方面内容。

（1）辨音能力

听力中的辨音能力包括对音位的辨别、语调的辨别、重弱音的辨别、意群的辨别、音质的辨别等。这种辨音能力的训练不仅能提高英语听力水平，同时对学生理解能力的提高也大有裨益。

（2）交际信息辨别能力

交际信息辨别能力主要包括辨别新信息指示语、例证指示语、话题终止指示语、话轮转换指示语等。交际信息的辨别能够提升听力的有效性和针对性，提高学生对话语的理解效率。

（3）大意理解能力

大意理解能力主要包括理解谈话或独白的主题和意图等。大意理解能力的提高为学生在整体上把握话语内容做好了铺垫。

（4）细节理解能力

细节理解能力是指获取听力内容中具体信息的能力。在英语学习和考试过程中，细节理解能力的增强能够帮助学生提升做题的准确度。

（5）选择注意力

选择注意力是指根据听力的目的和重点选择听力中的信息焦点。针对不同的听力材料，进行选择注意力的训练十分重要，这种练习有助于学生把握话题的中心。

（6）记笔记技能

记笔记技能是指根据听力要求选择适当的笔记记录方式。掌握良好的记笔记技能可以提高学生英语听力记忆的效果。

教师应该了解听力水平的提高并不是一朝一夕便可以完成的，需要教师循序渐进地进行针对性的教学工作。不同的学生有着不同的学习习惯和学习特点，教师需要因材施教、特色教学。

2. 听力技巧

听力技巧主要包括猜词义、听关键词、听过渡连接词、预测、推断等。掌握正确的听力技巧，可以有效提高学生听力理解的能力。例如，在与他人交际或听语音材料时，学生可以根据上下文或者借助说话者的表情、手势等猜测出生词的含义，从而促使交际顺利进行或顺利理解语音材料。因此，旨在训练听力技巧的各种听力活动也是听力教学的主要内容。

（三）听力理解

英语听力知识的学习与听力技能的训练是为英语听力理解服务的。语言由于使用目的、交际者等因素的作用会带有不同的语用含义，因此对话语的正确理解成了英语听力教学中的重点和难点。教师在听力理解的教学过程中，应该使学生懂得如何从对字面意义的理解上升到对隐含意义的把握，继而提高英语的综合语用能力。具体来说，英语听力理解主要包含以下几个阶段。

1. 辨认

辨认主要包括语音辨认、信息辨认、符号辨认等方面。尽管辨认处于第一个阶段，属于第一层次，但却是开展后面几个阶段的重要基础。如果学生无法辨认出听到的内容，那么理解也就无从谈起。

辨认有不同的等级，最初级的辨认是语音辨认，最高级的辨认则是对说话者意图的辨认。教师可以通过正误判断、匹配、勾画等具体方式训练和检验学生的辨认能力。

2. 重组

重组要求学生用自己的语言将听到的内容以口头或书面的方式表达出来。

3. 评价与应用

这是听力理解的最后阶段，要求学生能够运用自己的语言对所获得的信息进行评价和应用。在实际教学中，可以通过讨论、辩论等活动进行评价与应用。

以上这几个阶段是一个循序渐进的过程。任何级别的听力学习都必须经历这一系列的过程，然后听力水平才能逐步得到提高。

（四）逻辑推理

除听力知识、技能和理解以外，语法知识和逻辑推理能力也是正确判断和理解语言材料的必要条件。因此，现代英语听力教学必须重视对学生语法知识的巩固和对学生逻辑推理的训练。例如，以下四句话都是关于 Marshall 的，学生可以利用自己的语法知识和一定的逻辑推理能力对 Marshall 的职业进行推断。

① Marshall was in the bus on his way to school.

② He was worried about controlling the math class.

③ The teacher should not have asked him to do it.

④ It was not a proper part of the janitor's job.

听到①时，学生可能认为 Marshall 是一个学生。而从②判断，Marshall 应该是教师。但是③又推翻了这一判断。直到看到④，学生才知道 Marshall 原来是学校的勤杂工。在推断 Marshall 职业的这个过程中，没有一定的语法基础和逻辑推理能力是无法顺利得出正确结论的。

二、大学英语听力教学的目标

大学英语听力教学对于英语人才的培养有着重要的作用。在教学过程中，教师需要以《大学英语课程教学要求》为其纲领性文件来规划教学的方向与目标。在《大学英语课程教学要求》中，英语听力教学主要包括三个教学目标。

（一）一般要求

①能听懂英语授课。

②能运用基本的听力技巧。

③能听懂日常英语谈话和一般性题材的讲座。

④能听懂语速较慢（每分钟 130 ～ 150 词）的英语广播和电视节目，能掌握其中心思想，抓住要点。

（二）较高要求

①能听懂英语谈话和讲座。

②能基本听懂用英语讲授的专业课程。

③能基本听懂题材熟悉、篇幅较长的英语广播和电视节目，语速为每分钟 150 ～ 180 词，能掌握其中心大意，抓住要点和相关细节。

（三）更高要求

①能听懂英语国家人士正常语速的谈话。

②能听懂用英语讲授的专业课程和英语讲座。

③能基本听懂英语国家的广播和电视节目，掌握其中心大意，抓住要点。

通过对大学英语听力教学目标的列举可以看出，英语听力理解和知识运用能力是英语听力教学的重要关注点。教师在听力教学过程中，应该合理安排教学活动，切实提高学生的英语听力能力。

第四节　大学英语听力教学的新方法

英语听力教学只有以科学的方法作为指导，才能提高教学的有效性。随着教学改革的发展，有关听力教学的新的研究方法也层出不穷。大学英语听力教学是一个循序渐进的过程，因此在教学过程中，教师需要根据具体的教学条件、学生素质选择相应的教学方法。大致来说，听力教学可分为初级阶段教学和高级阶段教学。初级阶段教学主要关注的是学生的听力知识和听力学习的兴趣，高级阶段教学主要是教授学生听力技能。下面分别对这两个阶段中经常使用的听力方法进行总结。

一、初级阶段教学方法

在英语听力中，语音是其重要组成部分，甚至可以说是听力活动进行的前提。因此，在初级阶段的听力教学过程中应该重视语音的影响，对学生的听音、辨音能力进行培养。

（一）单词辨音

听力中辨音能力的培养是以学生的词汇掌握能力为基础的。学习者掌握的词汇数量和质量直接决定着他们对听力中单词的理解程度，因此听力教学中也要重视对学生词汇的教学。

教师可以通过单词辨音的方式增加学生对词汇的感知程度，从而培养自己的英语语感。例如，在进行词汇学习的过程中，教师可以将发音相似的单词进行组合让学生进行听音与辨音的练习，从而判定单词中是否含有相同的音素。单词辨音也需要一定的过程，教师可以先从学生熟知的单词入手，进而扩大到学生未学习过的较为复杂的英语单词。这种难度不断加深的判断过程，能够在一定程度上加深学生对单词的理解和应用程度，增加听力教学的有效性。

（二）句子辨音

句子是英语听力实践过程中的基本组成单位，因此交际者对句子的理解程度影响着交际能否顺利进行。在听力教学过程中，需要重视句子对交际的影响，培养学生对句子的理解能力。对句子中单词进行辨音的练习也是培养学生英语语音的重要方法。例如，教师可以改变句子中的个别单词，让学生判断句子中新旧单词的发音是否相同。例如：

① Peter has a ship. → Peter has a sheep.

② Are there bananas ? Yes, there are. → Are they bananas ? Yes, they are.

上述列举的两个例子中，只是简单改变了几个单词，学生需要对英语单词有一定的认知才能发现句子的差异。这种以句子练习来展开听力教学的方式能够提高听力教学的有效性，增加学生对句子的感知程度。

（三）听音默写

听力训练过程中使用听音默写是十分有效的方法。听音默写的过程需要学生展开一系列的认知活动。

第一，语音识别。

第二，将听到的语音与脑海中相应的、代表语义的语音进行对比。

第三，对单词进行正确的书写。

在听音默写的过程中，学生不仅锻炼了自己的听力，同时还加深了对单词的印象。这种方法的适用范围较广，不仅能够进行单词的听音默写，对句子、短文也同样适用。

听音训练的方式是多种多样的，学生可以在教师的朗读下进行听音训练，也可以借助不同的工具，如录音等。默写也可以采用不同的题型，如听音判断、听音填空、听音完成句子、听音选择、听音回答问题等。为了不影响学生学习英语的气氛，听写练习最好在巩固课、复习课或综合课的巩固教学环节进行。教师要限制听写时间，讲究检查方法，培养学生自学自检的习惯。

（四）行为反应

在听力实践过程中需要交际者对不同的信息做灵活的反应，从而保证交际的顺利进行。在听力教学过程中，通过行为反应的方式锻炼学生的听力能力，对日后的交际有着重要的影响。

行为反应主要用于培养学生的信息理解能力。该活动要求学生根据听到的信息做出相应的行为反应。例如，根据指令 turn left / right、lift your left / right hand、go forward / backward 等做出相应动作，或者根据 put the dictionary on the shelf 等指令把东西放到适当的位置等。

（五）听音匹配

匹配包括图片匹配和文本匹配，可以用于听之前、听的过程中或听之后。用于听力活动之前一般是为听力做语言方面的准备。如果是在听的过程中或听之后，则可以培养学生的信息识别能力。

（六）补充信息

在听力训练过程中，补充信息也是培养学生听力思维的重要方式。教师可以选择一定的文本类型作为听力材料，如书信类、通知类等，然后通过补充信息的方式锻炼学生的实际操作能力。需要注意的是，在文本的选择上应该注重实用性，选取和学生生活息息相关的文本类型，从而提高学生的学习兴趣。

这种听力练习方式集听、写、练于一体，因此是一种综合性的活动，能够丰富学生的听力实践，锻炼其临场反应能力。

（七）图表填充

图表的形式多种多样，可以是程序表、节目单、菜单等真实性的表格，也可以是根据对话内容制订的其他表格，如呈现不同人物爱好的表格或呈现不同活动时间的表格等。例如：

Listen to a short passage and fill in the following form.

Mary is a seven-year-old girl, and she will enter primary school this September. She loves music very much. In her spare time, she usually plays the piano. She has been practicing piano for two years. Paul, three years older than Mary, is Mary's brother. He is a very naughty boy and often plays football.

	Gender	Age	Grade	Hobby
Mary				
Paul				

Key：

	Gender	Age	Grade	Hobby
Mary	girl	7	1	piano
Paul	boy	10	4	football

（八）排序练习

排序也是一种常见的听力活动，可以帮助学生提高识别和理解信息的能力。

排序包括多种形式，可以根据活动的时间顺序排序，可以根据故事中事件发生的先后顺序排序，可以根据操作步骤排序，还可以根据信息在录音材料中出现的先后顺序排序。

（九）听声观影

学习兴趣对于教学效果的影响很大，因此在听力教学过程中调动学生的学习兴趣成了提高听力课堂教学效果的重要手段。“听音观影”就是一种常见的提高学生听力学习兴趣的手段。

教师可以选择一些由英语本族语者录制的音像材料，如外国电台的广播讲演或报告的节录等，让学生做听音练习。这种练习既可以培养学生通过听觉吸收新材料的能力，又可以培养学生听懂正常语速外语连贯言语的能力。教师可以按照以下步骤来安排教学：

第一，让学生分段听标准录音（或唱片）。

第二，在听的过程中记下生词，听后通过查阅词典找出适合上下文的词义和相应的形式。

第三，重放录音 1 ～ 3 遍，学生边听边跟着重复。

第四，通过口译成汉语、用英语回答问题、转述等方式检查学生对听力材料的理解程度。

此外，教师还可以在听音前发给学生生词表，扫清学生听音过程中的障碍，以便学生在听音时将注意力完全集中于所听的内容。播放听力材料时是否需要分段，取决于有声材料的长短。

观看英文原声电影也是提高学生语感与听力水平的重要途径。教学电影、录像一般都取材于原版音视频资料。因影片中既有解说词，又有人物间的对话，所以这种练习可同时训练听独白言语和对白言语（对话）。教师可以按照以下步骤来安排教学。

第一，听影片解说的独白和对话的录音（事先对影片原版录音进行转录，处理掉不必要的音响和其他杂音）。

第二，讲解听录音过程中发现的生词。

第三，初看影片。

第四，教师向学生提出启发性（也是检查性）的问题。

第五，重看影片 2~3 遍。

第六，检查理解，可采用就影片内容回答问题、分段转述等方式。

听力课堂的时间往往是有限的，只依赖课堂教学提高学生的听力能力是不够的，教师还应鼓励和指导学生在课下多听英语新闻。听英语新闻不仅可以锻炼学生的英语听力水平，也可以让学生了解国内、国际大事，拓宽他们的视野。学生在听英语新闻时，不需要对一切信息都把握准确，只需要关注自身感兴趣的东西即可。此外，学生在听英语新闻时心理上是轻松愉快的，没有任何压力和包袱，这样比课堂上带着任务听的效果要好。

上述各种听的练习形式及具体的方法步骤都不是一成不变的，教师应结合教学实际灵活运用，不断创造新的形式和方法。

二、高级阶段教学方法

初级阶段的教学方法着眼于提高学生对英语语音的熟悉程度，而高级阶段的教学方法则以提高学生听力技能为目的。一般来说，教师可以通过以下六个方面的专项训练来帮助学生提高实际的听力技能。

（一）听前预测

预测是听力理解过程中的重要一环，教师在听力教学之前要教会学生进行听前预测，即在做每个小题之前快速浏览题目及选项，捕捉信息，预测内容。学生通过预览可以事先掌握一些数字、人名、地点之类的特别信息，并可以预测要听到的句子、对话或短文的内容。例如，针对交际类的内容，要让学生先弄懂答语的意思，再预测可能要问的问句，根据答语找问句。针对阅读类的内容，让学生先根据问题预测短文的内容，听前先找到听力的着重点。下面我们试着分析一个题目的四个选项。

A. In the restaurant.

B. In the library.

C. In the dormitory.

D. In the classroom.

在快速浏览了这四个选项后，学生大致可以预测到这个问题是考查有关场所的信息。学生有了这种预测，心理上便有所准备，于是在听问题时就会对有关场所的词语特别注意。

M: I'm exhausted today. I've been here in the classroom all day reading and doing my homework. What about you?

W: Not too bad. But I'm hungry now. Let's go to the restaurant, shall we?

Q: Where does this conversation take place?

当学生听完听力材料后，发现该题果然是与场所有关的，但是材料中却出现了两个地点，classroom 和 restaurant，不过提到 restaurant，用的是介词 to，表示方向，于是学生就可以排除这个干扰项，得出正确答案 D。

（二）词义猜测

在听力实践过程中，交际者往往不能听清每一个单词，因此需要通过词义猜测的方式进行句意理解。

针对这种情况，在教学过程中，教师首先需要告诉学生这种情况是经常发生的，同时需要对学生进行鼓励，从而保证学生学习听力的积极性。教师还需要教授学生一些词义猜测的技巧，以帮助学生理解句意。

通常情况下，凡是重要的信息都会在下文中通过重复、解释、举例或对比等方式进一步强调，不重要的信息一般只提一次，所以一些不重要的信息即使没有听懂也不必过于紧张。如果后续的听力材料再也没有对它进行重复，那么我们完全可以放心地将它忽略。如果后文对它做了解释、对比、举例等补充说明，则可以断定它属于可以帮助理解全文的重要信息，这时我们可以利用上下文来猜测词义。

例如，当听到“Cetaceans are obviously mammals.”这个句子时，学生只能确定 cetaceans 是哺乳动物，但不能确定 cetacean 到底是什么动物，这时教师要引导学生继续往下听，“As the ancestors of modern whales, they are of great interests to many scientists.”。听完这句话，根据 ancestors of modern whales 很容易判断出 cetaceans 是鲸类动物。如果听到第一句话就把思路停留在那里，势必会错过第二句话，也就无从猜测和判断 cetacean 的含义了。

（三）要点抓取

很多听力水平不高的学生，在听力练习中习惯将注意力平均分配在每个单词上，从而造成精力分散，无法从整体上把握句子的重点。因此，听取信息时应该有所侧重，即要听主要内容和主题问题，捕捉主题句和关键词，避开无关紧要的内容。教师在听力教学中应该向学生灌输抓取主旨的思想，并经常训练学生抓听要点的技巧。例如：

M: Is there anything I can do for you, Madam?

W: I’d like to see some bed linen, please.

Q: Where is the conversation probably taking place?

选项：

A. In a hotel room.

B. At a department store.

C. At a supermarket.

D. In a lost and found department.

在这段听力材料中，学生听到一句反映职业特点的重要句型“Is there anything I can do for you?”和一个关键词 bed linen。听完问题之后，学生很快就可以从四个选项中选出正确的答案 B。

（四）笔记记录

有一些听力材料较长，同时选项中存在很多的干扰项，这时仅靠大脑的短期记忆无法掌握全部的信息。学生可以采取边听边做笔记的方式进行记忆，从而保证听力的质量。

在教学过程中，教师可以教授一些有效的听力笔记记录方法。听力笔记不可能也没有必要记得很完整，因此教师要教会学生使用一些通用的符号或缩写把与题干有紧密联系的信息记下来，如时间、地点、数量、年龄、价码等数字和关键词。当然学生也可以建立自己的符号和缩写体系。下面通过具体的例子来介绍记笔记的方法和技巧。

M: Hello, International Friends Club. Can I help you?

W: Oh, hello. I read about your club in the paper today and thought I'd phone to find out a bit more.

M: Yes, certainly. Well, we're a sort of social club for people from different countries. It's quite a new club. We have about 50 members at the moment, but we're growing all the time.

W: That sounds interesting. I'm British actually. And I came to Washington about three months ago. I'm looking for ways to meet people. Er, what kinds of event do you organize?

M: Well, we have social get-together, and sport events. And we also have language evenings.

W: Could you tell me something about the language evenings?

M: Yes. Every day except Thursday we have a language evening. People can come and practice their languages. You know, over a drink or something. We have different languages on different evenings. Monday-Spanish; Tuesday-Italian; Wednesday-German and Friday-French. On Thursday we usually have a meal in a restaurant for anyone who wants to come.

W: Well, that sounds great. I really need to practice my French.

M: OK. Well, if you can just give me your name and address, form and some more information. If you join now, you can have the first month free.

这段对话较长，信息比较繁杂，完全记录下来是相当困难而且也是没有必要的。因此，事半功倍的办法是做好笔记。下面是一个笔记的范例。

1-S（Monday-Spanish）

2-I（Tuesday-Italian）

3-G（Wednesday-German）

5-F（Friday-French）

此外，还可以使用中文将其记录为：1—西，2—意，3—德，5—法。而对话中的“On Thursday we usually have a meal in a restaurant for anyone who wants to come.”这句话，只要能抓住关键词 Thursday 和 a meal 就可以把握其主要信息。这一信息可记录成 4-meal。这样学生在答听力问题时，只需参考自己所做的简要记录，就可以比较容易地选出正确答案。

（五）语速适应

很多学生在阅读听力材料的文本时没有困难，但听起来却十分地吃力，这是由于他们长期停留于慢速阅读，朗读速度不过关或者说跟不上正常的朗读速度，所以在听力上就表现为不能适应较快的语流，特别是连贯的言语。还有一些学生陷入听一个字翻译一个字、听一个词组翻译一个词组的听力模式中不能自拔。这在听力训练的初期是可以的，但如果形成这种听力惯性，则对今后的听力能力提高极为不利。因此，要让学生从慢速逐渐过渡到正常速度而且还须向快速方向发展，便成为听力提高的关键环节。对此，教师可以采取以下几个策略。

首先，要求学生养成朗读的习惯，但必须注意语音正确、吐字清晰、意群完整。然后再由慢速到中速，从中速至快速地朗读直到流利的程度。

其次，对有一定基础的学生可以采用阅读训练中的“倒连法”，即从一个句子的最后一个词往前一个意群一个意群地连读，直到读得相当流利为止。例如，“She likes to listen to records and play the instruments.”，先读 the instruments 三遍，再读 play the instruments，然后再与前面的 listen to records and 连起来读，即 listen to records and play the instruments，再与谓语 likes to 和主语 she 连读，读完整句。这种方法坚持一段时间之后，学生的朗读速度都能有明显的提高。

最后，教师要鼓励学生勤学苦练，变被动为主动。长此以往，语流就会变得相对流畅，继而也就不难跟上听力材料的语速了。

（六）细节把握

在听力训练中，要对问题中的重要细节给予适当关注，因为有的时候仅仅从提问的方式就可以判断出正确的选项。这些问题中的细节往往与五个 W（when、where、why、who、what）有关，抓住了它们就抓住了英语听力的关键要素，就能准确理解听力的内容。例如：

W: John, I called you yesterday evening, but you were not in.

M: I went to the cinema with a friend of mine.

Q: Can you tell me where John went？

选项：

A. He went by car.

B. He went last night.

C. He went to the cinema.

D. He went with Anne.

这段材料中，所提的问题是 where 而不是 when、how 和 who，那么学生在听到问题之后就可以很快地从四个选项中判断出正确的答案是 C。

第五节　多元文化视域下的英语听力教学改革

一、文化差异给听力带来的影响

（一）历史因素对于英语听力的影响

听力题目中有这样一句话：“The die is cast, we’ve got no choice but win the game.”。学生听到后虽然大概知道是要取得胜利，但是对前一句的意思并不理解。这个短语源于公元前 49 年，涉及的是罗马执政官庞贝和元老院共谋进攻恺撒时发生的故事。当时恺撒的领地和意大利本部交界处有条小河——Rubicon（卢比孔河）。恺撒不顾反对意见，率军渡河与庞贝一决高下。在渡河时他说：“The die is cast.”。过了河，他还烧毁了渡船（burn the boats），逼得士兵毫无退路，只好勇往直前，打败了敌人。

就是这样一段历史故事，在英语中留下了几个常见的习语：cross the Rubicon（渡过卢比孔河），表示决定冒重大危险，采取断然行动。burn one’s boats(烧掉自己的船),表示破釜沉舟的决心。“The die is cast.”(骰子已经掷下),预示着事情已经决定，再也不能改变。这几个短语如果仅从字面意思理解就会觉得不知所云，但如果结合历史背景，则不仅容易理解而且记忆起来很方便。

（二）自然地理环境特征对英语听力的影响

英文中包含很多与海洋相关的习语，如：all at sea（不知所措）；a drop in the ocean（沧海一粟）；plain sailing（一帆风顺）；between the devil and deep sea（进退两难）；“While it is fine weather, mend your sail.”（未雨绸缪）。这是因为不同的自然环境会对当地的文化造成不同的影响，语言恰恰包含了这种独特的文化基因。英国是一个岛国，人们为了生存经常与恶劣的海洋气候进行抗争。在征服自然的过程中，自然形成了许多与海洋有关的习语。

此外，英国强大的航海业和捕鱼业使得大量与 fish（鱼）有关的习语相继产生。如：big fish（大亨），dull fish（枯燥无味的人），make fish of one and flesh of another（比喻厚此薄彼，偏爱一方）。

从这些角度来看，很多短语的理解就变得容易多了，在讲解的同时，学生不仅加深了对语言的印象，而且对这个国家的了解也会更进一步。

（三）生活常识对英语听力的影响

在经典电影《阿甘正传》中，主人公阿甘曾这样形容他和 詹妮的关系：“We are like beans and carrots.”。很多不理解西方饮食文化的人看到这句话会觉得难以理解。为什么两个人会像青豆和胡萝卜？这是因为在西餐中，青豆和胡萝卜总是作为辅菜放在一起，主人公用这个表达方式来形容两人形影不离。

二、多元文化对英语听力教学改革的启示

（一）加强对文化背景知识的传授

在英语听力教学中，教师在传授语言知识的同时，应注重对文化背景知识的传授。文化背景知识的传授应该密切结合实践课，其目的是使学生更加深刻地理解英语，更准确恰当地使用英语。因此，在英语教学流程中，教师应该根据学生的英语水平和教学内容，有计划、有针对性地导入文化背景知识，在提高学生语言能力的同时，丰富学生的英语国家文化知识。

1. 培养学生的文化意识，增强学生的学习兴趣

在课堂教学中，教师不但要传授英语语言知识，同时要帮助学生树立正确的思想观念，有意识地培养学生的文化意识。学生必须认识到，背景知识的学

习有助于听力水平的提高，因为语言是融合在相关背景知识中的，这些知识有助于学生预测讲话人会说些什么，并在听的过程中去核对、证实。了解相关的背景知识既可以增进学生对讲话发生的地点、时间和周围环境的了解，也可以帮助学生熟悉讲话人的年龄、性别以及对一些事物的观点、看法。成功的听力理解取决于语言知识和背景知识的相互作用，这两者缺一不可。除此之外，学生也应该认识到文化背景知识的学习有助于自身文化素质的提高。英语学习的目的不仅是要掌握英语语言知识，也要进一步了解西方文化，拓展知识面。

2. 改变教师的教学观念，提高教师自身素质

教师本身应有强烈的文化意识，重视学习积累和文化背景知识的传授，在平时的课堂中要注意将语言与文化相结合，逐步在课堂中向学生介绍英语国家的风土人情，并且渗透西方文化的背景知识。

在树立正确的教学观念的同时，教师应广泛地阅读与文化背景知识有关的书籍和材料，掌握和了解丰富的文化背景知识，深刻了解中西方文化在不同层次、不同方面的异同。教师只有提高自身的素质和文化修养，才能在有关文化背景知识的传授中正确引导和教育学生。

3. 精心选择实践性的教材

语言教学与文化背景知识传授相结合，必须有相应的配套教材。教师在选择英语听力教材时，应选择那些包含英美文化背景知识的相关材料，既重视对东西方文化差异的介绍，又重视对词汇文化意义的介绍。

4. 采用丰富多彩的教学方式

文化背景知识传授不应只限于英语课堂上。根据实际情况，教师可要求学生在预习时对相关的文化背景知识进行搜索和学习，并在课后做进一步的了解。在课堂上，应充分利用视频、网络等多媒体资源；教学方式除了传统的“老师讲，学生听”外，还可以采用合作学习的组织方式，让学生分组去收集某一方面的文化背景知识并在课堂上做介绍，教师做相应的指导，让学生参与到教学当中，增强学习的兴趣。

在课外，教师应鼓励学生进行广泛的阅读和大量的听力训练，可以向学生推荐富含西方文化内容的书单或视听节目。如有可能，可以举办文化专题讲座，介绍西方节日、跨文化交际原则等。

（二）加强对学生文化意识的培养

在英语听力教学中加强对学生文化意识的培养是很重要的。很多学生能够

听懂英语句子却不能很好地理解句子含义，其中一部分原因就是对材料中所反映的文化不了解。因此培养学生的文化意识很有必要。

在听力教学活动中，教师可以有意识地多选择一些能反映各国文化、风俗习惯、宗教信仰的材料。课堂上的时间是有限的，教师可以引导学生自己主动探究不同文化之间的差异。在听力教学中教师可以向学生推荐一些可以体现不同文化特点的电影，这样的电影既可以帮助学生提高英语听力水平，又可以让学生了解东西方文化差异。

听力教师可以在听力课上组织学生听一些反映各国不同文化背景的材料，并将学生分为两组，让学生自己找出所涉及文化差异的具体体现，并写下来，最后看哪一组写得多。

第四章　大学英语口语教学改革

口语是人类交流信息和表达思想的方式之一。随着社会的发展和国际交往的日益密切，运用英语进行口头交流的机会越来越多。然而，目前我国的英语口语教学依然存在一些问题，学生的英语口语表达能力有待提高。在教学改革背景下，探索新的教学方法对大学英语口语教学尤为重要。鉴于此，本章就对教学改革背景下的大学英语口语教学进行研究，内容包括大学英语口语教学面临的问题、说的教学着重注意点、大学英语口语教学的内容与目标、大学英语口语教学的新方法以及多元文化视域下的英语口语教学改革。

第一节　大学英语口语教学面临的问题

英语口语教学的目的是培养学生运用英语口语进行交际的能力，因此英语口语教学应将教学重点放在英语口语表达能力的培养上，而不是一味地进行知识的传授。口语表达能力的获得主要依靠教师的指导与学生的练习。就目前来讲，英语口语教学在我国已引起广大专家和学者的关注，英语口语教学改革也取得了一定的进展，但是英语口语教学的现状仍不容乐观。大学英语口语教学依然面临一些问题。

一、教师方面的问题

（一）教学方法滞后

我国的英语口语教学是作为英语整体教学的一部分而出现的，并未被独立出来，因此英语整体教学中存在的问题也直接体现在口语教学上，其中教学方法滞后就是一个重要的问题。在口语教学中，教师也习惯性地采用传统的“讲解—练习—运用”的教学模式。这看似体现了教学的规律，实际上却制约了学生说的积极性。在此教学模式下，学生只能被动地接受教师所讲授的词汇和语法知识，在没有语境的情况下做大量机械的替换造句等练习，这样根本无法有效地锻炼口语表达能力。

（二）汉语授课

提高英语口语表达能力的一个重要方法就是多听、多说。然而，很多英语教师考虑到学生的英语水平参差不齐，为了使所有学生都能跟得上教学进度，便放弃了用英语授课，这无疑减少了学生用英语进行交流的机会。另外，为了追赶教学进度，应付大学英语四、六级考试，教师也多用汉语讲授知识点。

（三）教师指导方法欠佳

在大学英语口语教学中，很多教师在对学生的口语表达进行指导时缺乏科学合理的方法，具体表现在以下几个方面。

第一，很多教师在口语教学中使用逐字逐句纠错的方式，这容易使学生产生依赖心理，打击学生自主学习的积极性。

第二，很多教师没有对口语话题提供足够的语言支持，如给学生提供一些必要的词汇、重要的句型等。

第三，很多教师没有对口语话题进行适当或必要的解释，没有从观念、情感、文化、价值观等方面对话题进行拓展，学生对话题的理解不透彻，自然很难进行有意义的互动。

第四，很多教师没能从学生的角度出发去进行指导，例如，教会学生如何根据说话者的意图、语言功能、语境等对口语内容进行组织。

二、学生方面的问题

（一）语音不标准，词汇匮乏

受汉语语言环境的影响，语音基础不好的学生有的发音不准，影响了语义的表达；有的带有地方口音，听起来发音不准；有的不能正确使用语调、重音等，直接影响了英语口语语音、语调的标准性。另外，由于缺乏练习，学生往往很难将学到的词汇用在口头表达中，从而造成无话可说或不知如何去说的尴尬。

（二）缺少练习

从学生的角度来看，他们已经习惯了长期养成的上课记笔记、下课做练习的学习模式，在口语学习中处于被动接受的地位。他们往往在没有语境的情况下做大量的练习，没有形成主动参与课堂活动的意识，甚至害怕提问、害怕开口，这样口头表达能力自然难以提高。

（三）心理压力大，缺乏自信

受应试教育的影响，初、高中的英语教学将重点放在了阅读和写作的训练上，而忽视了英语口语的教学。这就使学生即使在大学阶段意识到了口语的重要性，也总是心虚、不自信。虽然有些学生的口语能力不像他们想象的那么差，却仍然不愿意开口说英语。即使有一小部分学生愿意做口头交流，也总是带有紧张不安的情绪，担心自己说错被批评、被耻笑。这些负面的情绪和压力对学生口语能力的提高显然十分不利。

三、教学制度方面的问题

由于受传统英语教学观念的影响，英语口语教学环境有很多亟待改善之处。具体体现在以下几个方面。

（一）课时严重不足

与阅读、听力和写作相比，口语能力的提高往往需要更长时间的练习，这就意味着教师需要把更多的时间与精力放到口语教学上。然而，目前我国大学英语口语教学并不是一项独立的教学内容，分配给口语的教学时间也难以保证。以高校使用的《新编实用英语综合教程》为例，该教材主要包括五项内容：听、说、读、写、译。每个班级若按 45 人计算，加上学生参差不齐的英语水平，那么即使分配给口语课两个小时，每位学生接受的训练也十分有限。因此可以说，课时不足是英语口语教学的硬伤。

（二）缺乏配套教材

就目前的情况来看，我国适用于非英语专业的大学英语口语教材少之又少。我国大部分院校使用的英语教材，或者将口语训练当作听力训练的延展而附在听力训练之后，或者直接取消口语训练。而那些处于附属地位的口语练习往往内容简短、系统性差，缺少必要的练习指导与参考答案，其实用性很难得到保证。

此外，市面上的口语教材要么过于简单（只涉及简单日常用语），要么难度太大（涉及一些专业领域），与大学英语教材在难度上难以实现对接，因此这些教材在辅助学生口语练习时的效果并不理想。

（三）口语评估制度欠缺

评估可以检验教学的质量，是教学中不可或缺的重要环节。在我国，最常使用、影响最大的评估方式就是考试。例如，小学、初中、高中都有相应的期中、期末考试，大学有英语四、六级考试。然而，这些考试多是对学生听力、阅读、写作、翻译技能的检测，而无法考查学生口语学习的质量。专门用于检验口语水平的测试少之又少。造成这一现状的原因在于，口语考试的实施与操作都有一定的难度，如口语测试材料难易程度的把握、考试形式的信度与效度等问题。对此，大学英语四、六级考试委员会在全国部分省市实施了大学英语口语考试，并规定了统一的等级评审标准。显然要想切实提高教师和学生对口语的重视程度，提高口语教和学的质量，仅仅增加大学四、六级口语考试是远远不够的，但大学四、六级口语考试制度的出台对于完善英语口语评估制度无疑提供了良好的示范作用。在此指引下，我国将来势必会推出更多、更科学的口语评估方式。

综上所述，我国大学英语口语教学的现状堪忧，某些状况已经成为学生提高英语口语表达能力的障碍，也严重阻碍了大学英语口语教学的有效实施。

第二节　说的教学着重注意点

一、说的心理机制

（一）由听到说

不管是母语学习还是外语学习，学说都要以听为前提。听是说的准备，只有做了充分的听的准备，才能有效地开展说的学习活动。因此，在英语口语教学中，教师应重视先听后说的规律，合理安排好听的教学活动，通过听的训练，激发学生主动开口的兴趣，引发学生主动开口说的动机。所以，以听带说、以听促说、听说结合是口语课的基本要求。

（二）由不自主到自主

学习和使用英语的过程就是一个由不自主到自主的发展过程，学说也同样要经历这一过程。每个人学说英语都要经历一个被动的、不自主的阶段，只是会因性格差异和努力程度不同而有长有短。学生在学说英语的初级阶段，总是习惯把重点放在语言形式上，很少关注语言的意思。即使是与人对话，学生也总是对对方说的词句感兴趣，很难注意对方所说的内容。当然，随着开口说英语的经验的不断积累、说话环境的适应以及习惯的养成，学英语的人经过不懈的努力，就可以从不自主状态转化为自主状态。自主说英语的状态表现为：注意力主要集中于自己所说的内容和对方所说的内容，而不是语言形式；怎么想就怎么说，而不是先想好了后说。

自主感和不自主感首先取决于整个心理状态，其次才受到语言水平的影响与制约。从某种程度上来讲，自主和不自主是是否进入说外语的角色的判断标准，进入了说外语的角色，说英语时不以英语为外语，就能轻松自由地表达，只要把意思说清楚即可，基本上不在乎语法规则。就这个意义而言，自主感又有相对性。在英语口语教学过程中，要想使学生进入说外语的角色，获得自主感经验，教师就要遵循说的心理规律，创造与学生语言水平相吻合的情境和轻松愉快的课堂气氛，引导学生积极地按照话题思考、联想、想象、回忆，经过不断实践，学生的自主感就会固定下来。

就宏观层面而言，说外语的自主感与整体心理有紧密的联系。我国传统的外语教学模式是以教师为中心，学生很少开口，进行说的训练有助于改变这一现状，使学生多开口、多思考，积极主动地参与到教学活动当中，使学生从消极的知识接受者变成积极的参加者。随着说的训练的不断展开与深入，学生就各种问题展开讨论和辩论，阐述自己的观点，这样就提高了学生的自信心。自信心强对说的自主感发展有积极的促进作用，反过来，说的自主感又会提高学生的整个心理素质。因此，在英语口语教学中，教师不仅要关注教学技艺和训练方法，还要重视开发智力和非智力因素，对学生要以鼓励为主，对敢说和说得正确的部分给予肯定和表扬，尽量不用明示法纠错。

（三）由想说到说明白

人在说话时总会受一种动机支配，从而产生说的念头，即想说；随之他便会关注想说的内容，即说什么；然后再将想说的内容与言语的表达形式联系起来，即怎么说。这样，言语便产生了。

莱维勒认为语言生产的过程一般要经历四个环节，即构思概念、组织语言、发出声音、自我监控。

构思概念主要指计划说什么、表达什么意思、达到什么目的；组织语言主要是指寻找合适的语言材料，包括单词、短语、句型、结构、语音、语调等；发出声音主要是指运用发音器官把在前两个环节中做出的决策付诸实施，把看不见的思想变成可以听见的实实在在的声音；自我监控主要是指对自己生成的语言进行观察、调整、修正等。

由此可见，说的活动既是一个想说、说什么和怎么说的过程，也是一个不断观察、调整、修正的过程。

二、开口说英语的困难

学生开口说英语最大的困难是心理障碍，如害羞、怕出错、无自信心等。造成这些心理紧张的因素常常跟场景密切相关。通常在比较正式而严肃的场合，人们的心理障碍大，气氛越严肃，学生的心情越紧张。因此，克服心理障碍的有效方法就是创造轻松、愉快的课堂气氛，把“微笑”带进课堂。另外，教师在课堂上的纠错要注意方式方法，如通过重复使学生意识到自己的错误，或用漫不经心的口吻指出错误，或用“You mean...”来提醒学生，引导他们自己纠错。总之，课上要鼓励学生大胆开口，使学生变得不怕出错。

三、训练说英语的活动

（一）听后反应

要让学生说，首先得听。此训练可以用作课前热身，也可以用来检查学生对词汇、短语的掌握程度。如果要检查学生学过的 ceiling 这个单词，或 smile from ear to ear 这一短语，教师可对学生发出这样的指令：“Look at the ceiling.”或“Smile from ear to ear.”，也可以逐步过渡到由学生发出这样的指令。

这种方法也可以用于训练学生的表达能力。如教师可以发出这样的指令“Now, express your thanks to your classmates！” “Introduce yourself to someone else.”等。这样就把训练口头表达能力与培养运用语言进行交际的能力融为一体了。

这种活动除了可以安排在课前，也可以安排在两个教学环节之间，以调节学生的情绪。

（二）坚持值日生报告

坚持值日生报告制度为每个学生提供了均等的开口机会。尽管一开始报告的学生在课前要花较多时间进行充分的准备，包括查阅资料、书写成文和背诵等，但准备过程也是帮助学生复习运用所学知识的过程。即使有的学生的报告像背书，但毕竟也帮他开了口。

（三）自由会话

自由会话能力的培养，应从问答对话开始。教师可以提问学生一些有交际意义的问题，如：“What book have you been reading these days?” “Did you watch the TV plays / football match, etc. last night?” “How do you like it?”。然

后，过渡到学生之间互相提问。开始阶段教师可以提示问答内容并提供词语、句型等。

（四）专题讲演

教师可以选择一些热点问题，让学生经过准备后，在全班同学面前发表演讲。要选择学生感兴趣的话题，如："Should discussion be forbidden during self-study time?"或者"Will Beijing be chosen as the seat for 2008 Olympic Games?"等。

（五）大力开展课外活动

开展课外活动也已成为一条教学原则，即不开展课外活动就不可能达到教学大纲的目的要求，因此，应当引起每位英语教师的充分重视。其实，开展课外活动，如唱英语歌曲、做英语游戏、讲英语故事、组织英语演出、举办"英语角"活动、进行英语竞赛等，对提高学生的口语能力都极为有利。

第三节　大学英语口语教学的内容与目标

一、大学英语口语教学的内容

大学英语口语教学的内容主要包括语音训练、词汇、语法、会话技巧、文化知识等。

（一）语音训练

语音是学习英语口语的基础，语音训练的目标是掌握正确的语音和语调，包括重读、弱读、连读、音节、意群、停顿等。错误的发音或不同的语调会造成对方理解困难，甚至产生误解。

（二）词汇

词汇是英语学习的基础，无论是英语听力、阅读、口语还是写作都离不开词汇。没有足够的词汇量就没有足够的输出语料，因此就不能进行信息的交流和沟通。词汇是信息的载体，如果没有足够的词汇量，就不能在脑中形成既定的预制词块，这必然会影响英语的输出效率。有效的词汇输入是词汇输出的条件，口语交际功能的实现离不开充足的词汇量作支撑。在口语教学中应该加强学生词汇量的积累。

（三）语法

语法是单词构成句子的基本法则，要想实现沟通的目的必须要构建出符合语法规则的句子。只有句子符合语法规则才可以被听者理解。词汇是句子含义的载体，语法是句子结构的基础，二者必须有机结合才能实现口语表达的实用性和高效性。

（四）会话技巧

口语教学的最终目的就是交际，学习并运用一些会话技巧可以使交际顺利进行。下面就来介绍几种常用的会话技巧。

第一，表达观点。例如：

It seems to me that...

I'd like to point out that...

To be quite frank / perfectly honest...

第二，获取信息。例如：

Could you tell me...?

I'd like to know...

I wonder whether you could tell me...

第三，承接话题。例如：

To talk to..., I think...

On the subject of / Talking of...

That reminds me of...

第四，转换话题。例如：

Could we move on to the next item?

I think we ought to move on to the problem of...

Just to change the subject for a moment.

第五，征求意见。例如：

What is your opinion / view?

How do you see...?

Have you got any comments on...?

第六，拒绝答复。例如：

It is difficult to say.

It all depends.

I'd rather not say anything about that.

（五）文化知识

在口语交际中，文化知识也十分重要。交际的得体性决定了学生必须掌握一定的文化知识，包括普通的文化规则和不同文化之间的交际规则。这就是说，学生除了要具有扎实的语言基础知识外，还要具备一定的文化知识。文化对语言的影响和制约主要表现在两个方面：影响词语的意义结构；影响话语的组织结构。

二、大学英语口语教学的目标

《大学英语课程教学要求》针对大学英语口语教学的目标划分了三个层次，具体如下。

（一）一般要求

①能在学习过程中用英语交流，并能就某一主题进行讨论。

②能就日常话题用英语进行交谈。

③能经准备后就所熟悉的话题做简短发言，表达比较清楚，语音、语调基本正确。

④能在交谈中使用基本的会话策略。

（二）较高要求

①能用英语就一般性话题进行比较流利的会话。

②能基本表达个人的意见、情感、观点等。

③能基本陈述事实、理由和描述事件，表达清楚，语音、语调基本正确。

（三）更高要求

①能较为流利、准确地就一般或专业性话题进行对话或讨论。

②能用简练的语言概括篇幅较长、有一定语音难度的文本或讲话。

③能在国际会议和专业交流中宣读论文并参加讨论。

第四节　大学英语口语教学的新方法

一、任务型教学法

任务型教学法在大学英语口语教学中的操作可分为呈现任务、实施任务、汇报任务、评价任务四个步骤。

（一）呈现任务

本阶段的主要任务是帮助学生做语言和知识上的准备工作。呈现任务时，教师可结合学生的实际生活和学习经验，创设与学生学习或生活相关的情境，激发学生的学习兴趣。另外，教师还要为学生提供与话题有关的环境及思维的方向，以加强新旧知识之间的连接，使学生在巩固旧知识的同时，也掌握新知识。需要注意的是，呈现任务时要遵循先输入、后输出的原则。

（二）实施任务

实施任务在整个教学过程中是极为重要的一个阶段。学生在接到任务以后可以采取多种方式实施任务，如小组自由组合的方式、结对子的方式。小组自由组合或结对子的方式不仅可以为每个学生的口语表达提供练习机会，还有助于培养学生合作互助的意识，增进学习的效果。此外，实施任务时，也可以通过由教师设计多个小任务构成任务链的方式进行。本阶段中教师的主要任务是监督和指导学生的活动，保证活动顺利有效地开展。

（三）汇报任务

学生完成任务以后，教师可要求各小组派代表或者小组内部推选代表向全班汇报任务成果。当学生汇报任务时，教师应注意不要打断学生的表达，在学生需要帮助的时候适当给予指导，尽量使学生的汇报自然、流畅、准确。

（四）评价任务

在任务汇报结束后，教师和同学们一起对任务进行评价，分别指出各个小组的优点和不足。评价时应注意对学生的活动情况尽量持肯定态度，以鼓励、表扬为主，增强学生的成就感，从而提高学生的自信心。当然，如果学生在表达中出现比较严重的影响交际的错误时，教师也应及时指出和纠正，正确引导学生。

总的来说，在大学英语口语教学中采用任务型教学法可以大大调动学生的积极性，增强学生的合作竞争意识，提高学生的口语水平。

（五）实例展示

下面是在大学英语口语教学中运用任务型教学法的一个实例，以供参考。

1. 教学任务

讨论话题“现在的生活是否比几十年前更好”。

2. 教学目的

通过呈现任务、实施任务、汇报任务、评价任务四个教学环节将生活中的问题引入课堂，培养学生用英语分析问题、解决问题的能力，同时使学生学会运用形容词与副词的比较级进行表达。

3. 教学形式

6 人为一小组进行讨论。

4. 教学流程

（1）呈现任务

呈现任务环节主要包括以下几个步骤：

①教学正式开始之前，教师可要求学生展示在预习过程中，通过向家长咨询或是通过网络等资源查找到的有关过去生活状况的信息。例如：

They are poor.

They can’t go to school.

There isn’t enough food to eat so they are often hungry.

②教师可利用多媒体向学生展示一组现代生活的图片，并要求学生用英语表达对现代生活的看法。

在学生进行讨论、发表观点之前，教师可预先介绍将会用到的词汇与句子，如 illness、prevent、medicine、suppose、live longer、walk less、much faster、know more about、take less exercise、be better at preventing illness 等，为学生的课堂讨论做准备。

③教师介绍所谈论话题的背景，并引出要讨论的核心话题——现在的生活是否比几十年前更好。

（2）实施与汇报任务

实施与汇报环节主要包括以下两项任务。

①分组讨论。教师可将学生分为 5 人小组，每组由正反两方构成，双方分别举例说明不同的观点，最后总结陈词，在组内汇报讨论结果。

②对话练习。根据前面的讨论，每组学生可组织编写出一个辩论式对话，尽可能多地使用教师之前给出的短语、句型以及比较级，并派两到三组学生进行对话表演，汇报成果。

（3）评价任务

学生完成任务后，教师应对任务的完成情况予以及时反馈。反馈的内容应包含以下几个方面。

①对学生的观点进行总结、评价；对不同组的表现进行评价；指出各组的优点和不足；指出学生在完成任务中经常犯的错误，并予以纠正。

②引导学生珍惜现在的幸福生活，好好学习。

③教师可布置短文写作，写作主题应和本话题有关，并要求学生尽量使用比较级句型完成。

分析：本次口语教学采用了任务型教学法，以学生为中心，以学生完成任务为目标，以小组合作学习为主要学习形式，有效激发了学生学习英语的积极性。通过呈现任务、实施与汇报任务、评价任务三个教学环节完成本次口语教学活动，以“现在的生活是否比几十年前更好”为话题，通过小组合作的形式组织口语练习活动，为学生留出了极大的语言使用空间和自由，在刺激学生表达欲望的同时还通过互相帮助提高了学习的效率。学生在完成任务、展示讨论成果中获得了满足感和成就感。而话题中的对比主题也提升了学生分析、对比、辩论的能力，提高了学生用英语分析和解决问题的综合能力。

二、情境教学法

情境教学法是指在教学过程中，教师有目的地引入或创设具有一定情绪色彩的、以形象为主体的生动具体的场景，以引起学生一定的态度体验，从而帮助学生理解教材，并使学生的心理机能得到发展的教学方法。

情境教学法的形式有很多种，如配音、角色扮演、课内游戏、诗歌朗诵、音乐欣赏、旅游观光等。其中，最常用的是角色扮演和配音。下面就重点介绍这两种教学形式。

（一）角色扮演

角色扮演是情境教学法最为主要的教学手段。与机械、单调、重复的口语练习不同，角色扮演使学生接触到不同的社会交际场景，让他们以不同的社会身份来进行交际练习，这不仅激发了学生的学习兴趣，还为交流的有效进行打下了基础。

具体而言，教师可以让学生自己进行角色分工，在排练过程中教师可以适时给予指导，当学生排练结束后，让学生进行表演。表演完毕后，教师可先引导学生就语言运用、表演技巧等方面发表自己的观点与看法，最后教师对学生的表演做出评价。

（二）配音

这一教学形式操作起来比较容易，具体实施过程包括以下四个环节。

第一，教师节选一部电影片段，先将原声对白播放一遍。

第二，教师讲解其中的语言难点。

第三，教师安排学生重新听两遍原声，同时要求学生尽可能会背诵。

第四，教师将电影调至无声状态，并让学生模仿电影中的角色，为电影配音。

利用这种方式进行口语教学，不仅激发了学生的学习兴趣，缓解了学生说英语时的焦虑感，提高了学生的自信心，而且能使学生学到纯正的英语口语，并掌握针对不同情境变换语音语调的技巧。

总之，在大学英语口语课堂上，教师应尽可能为学生营造出各种真实的语言情境，使语言与情境紧密结合，从而使得抽象的语言教学形象化、具体化、情境化，这既能调动学生学习的积极性与主动性，又能促进学生掌握运用英语进行交际的能力。需要注意的是，教师在为学生创设情境时一方面要保证情境主题的真实性，另一方面还应确保所选择的情境与教学目标相一致。

三、互动教学法

互动教学法具有显著的特点：强调学生的主体性，教学组织方式多样，能够有效利用课堂时间向学生传授语言知识。在英语口语教学中，如果互动式教学法能够运用恰当，就能有效激发学生的学习兴趣，打破“哑巴英语”的现象，帮助学生提高口语表达水平，从而提高英语口语教学效率。在教学改革背景下，大学英语口语教学中采用互动教学法意义重大。

具体而言，互动教学法在大学英语口语课堂教学中的操作包含课前、课中课后三个阶段的活动。

（一）课前

课前充分而周密的备课是教师的必要工作，尤其是与客体有关的口语会话材料的准备十分必要。这些材料应分给学生每人一份。做口语练习时会用到的词汇、短语也为学生准备一份。这样，语言材料可以丰富学生的口语表达，帮助学生积累表达素材，避免学生处于被动状态。

（二）课中

在英语口语课堂教学中，教师可将本课的会话情境介绍给学生，然后让学生独立思考并联想与该情境相关的词汇、短语。然后，教师将可能用到的词汇和短语呈现在黑板或 PPT 上，选出一个词语让学生判断和解释其意思。当该学生解释完毕之后，教师可让其他学生对已给出的信息进行扩展。在解释和扩展的过程中学生的英语口语表达能力得到了培养与提高。

（三）课后

课堂教学完毕后，教师可给学生布置一些特定的话题或情境，让学生在课后进行口语练习。需要注意的是，教师所布置的话题或情境要与课堂内容相关，以使学生课堂上学到的表达能力得到巩固。在下节课教授新内容之前，教师可花一些时间检查学生的课外练习情况。这样不仅为学生提供了表现的机会，调动了学生学习的积极性与主动性，还可以通过反复的巩固和使用促进学生口语水平的提高。

四、基于交际策略的教学法

交际策略是指“当某语言使用者在话语计划阶段，由于自身语言方面的不足而无法表达其想要表达的思想时所采取的策略”。在交际过程中，为克服因语言能力不足而导致的交际困难，交际者使用语言或非语言手段的能力即交际策略能力。

口语交际活动往往不可预测，因此交际过程中遇到尴尬局面是难免的，这就要求交际者具备一定的交际策略能力，以便在需要时借助交际策略来解决遇到的困难，促使交际顺利进行。交际策略能力包括两个方面：一是发生困难时使对方理解自己讲话内容的能力，这一能力被称为“补偿能力”；二是在发生理解困难时获取意义的能力，这一能力被称为“协商能力”。

（一）补偿能力

补偿能力主要包括如下几个方面。

1. 使用会话填补词

在交际过程中，有时交际者可能会一时想不出想要使用的语言，这时可适当运用一些填补词，如“Er, that’s a very interesting question...” “Well..., let me think...”等，边说边思考，控制说话节奏，确保讲话连贯。

2. 使用同义词或类别词

在交际过程中，如果交际者缺乏关于某一话题的词汇，可采用自己熟悉的同义词来代替，如用 dark 来代替 gloomy。

3. 使用肢体语言

在交际过程中，交际者也可适当借助肢体语言来表达自己的观点与看法，保证交际顺利进行。

（二）协商能力

协商能力主要是指澄清信号。在交际过程中，如果听话人没有完全理解讲话人的语言，或没能听清讲话人的意思，这时听话人可请求重复，或直接要求讲话人加以解释，如“Pardon?” “What do you mean by saying...?” “What does...mean?”等。通过运用这一交际策略，交际者可将自己的意思清晰地传达出来，使交际渠道畅通，从而使交际顺利开展。

在大学英语口语教学过程中，教师应注意向学生介绍一些交际策略，使学生了解语言规则和交际规则，提高英语口语交际能力，在交际过程中更好地让自己的讲话内容被对方所理解，并更好地理解对方的语言，提高和改善交际效果。

五、功能评价法

（一）形成性评价与总结性评价

英语口语教学中的功能评价法，可分为形成性评价与总结性评价。

1. 形成性评价

形成性评价可以是课堂教学过程之中的评价，也可以是学习者在整个学期中口语发展的历程性评价。

在形成性评价中，教师应将课堂教学的目标分解成几个阶段性评价目标，并设计相应的评价活动。根据形成性评价的要求，教师应通过建立学习文件夹、功能发展、自我监控、学习者会议、学习日志等对学习者的功能学习进行评价。形成性评价的目标在于诊断学习者是否完成了阶段性目标。如果没有完成，需要找出其影响因素以及决定应如何开展下一步活动。

2. 总结性评价

总结性评价可以是课堂教学中的目标达成评价，也可以是学期结束时的口语能力评价，同样也包括水平测试中口语部分的语言功能应用能力的评价。学期结束时的口语能力评价和水平测试中的口语评价都是总结性评价，同时也属于交际能力评价的范畴。交际能力的评价一般采用两种形式：整体评价与分项评价。不管哪种形式的评价，必须遵循真实性原则和任务性原则。也就是说，交际能力评价采用真实性评价的理念，通过学习者完成真实的交际任务，对学习者的交际能力以及功能实施能力进行评价。需要注意的是，水平测试中的交际能力评价需要采用统一的评价标准。

（二）口语评价标准

总的来说，英语口语的评价主要从以下几个方面展开：①语音评价；②语法评价；③总体可理解度评价；④流畅性评价。

需要指出的是，随着评价理念的变化，人们对口语评价的标准也在不断发生改变。但无论如何改变，也不会使用“和本族人说得一样”为标准。这是因为即使是本族人，不同的人在语音、语法、可理解程度以及流畅性等方面也存在很大差异。除此之外，评价的内容也在很大程度上影响着评价的标准。对此，教师应结合实际的教学情况进行把握，学会灵活变通。

六、文化导入法

文化语言学认为，语言之中蕴含着文化，且无法脱离文化而存在。文化也正是造成不同语言之间差异的关键因素，对一门语言的研究和学习必然要涉及其中的文化。文化是英语教学必不可少的一部分，对英语口语教学来说也是如此。在教学改革背景下，大学英语口语教学更应将文化和口语教学结合起来，利用文化导入法来教授英语口语。

（一）文化导入的内容

在大学英语口语教学中，教师要从词语文化和话语文化两个方面进行文化导入。

第一，词语文化的导入内容。其主要包括：词语在文化含义上的不等值性，字面意义相同的词语在文化上的不同含义，以及民族文化中特有的事物与概念在词汇语义上的呈现。

第二，话语文化的导入内容。其主要包括：话题的选择、话语的选择、话语的组织。

通过上述两个方面的文化导入，学生可以更好地理解文化对语言的影响和制约作用，提高学习效果。

（二）文化导入的方式

文化导入的方式多种多样。下面就来介绍一些常用的文化导入方式。

1. 通过教材导入

通过教材导入是一种最自然也最直接的文化导入方式。具体来说，在口语教学过程中，教师可在教学目标的指导下，结合教材向学生提供一些相关的文化知识，扩大学生的视野和对文化的理解和认识。例如，在一节关于饮食的口语课上教师可向学生介绍一些西方的饮食文化，并为学生补充一些相关词汇和常用语句。

2. 通过对比分析导入

对主体文化与客体文化进行对比分析是文化导入的一个十分有效的方法。具体来说，教师可以提前给学生布置任务，要求学生在课前查阅相关资料，为课堂学习做好充分的准备，在课堂上让学生轮流讲解，必要时教师可进行适当补充。这种方法对于激发学生的积极性以及培养学生的自主学习能力都十分有利。

3. 通过多媒体导入

中国学生的英语口语学习有一个极大的不利因素——缺乏大的英语环境。英语环境的缺乏导致学生无法全身心地感受英语及英语文化，对学生口语表达能力的提高具有一定的阻碍作用。对此，教师可以将多媒体引入教学中，这样可以弥补没有真实情境的缺陷，真实地再现情境，使学生身临其境地感受英语及英语文化，增加学生之间的互动交流，从而有效激发学生的学习热情。

七、3P 教学法

3P 教学法是在 20 世纪 70 年代形成的交际语言教学模式下的产物。3P 教学法把语言教学分为三个阶段：演示阶段（presentation）—操练阶段（practice）—成果阶段（production）。在 3P 教学模式中，任务通常体现为成果阶段的综合运用式练习，用来巩固所学的词汇、语法结构或语言功能。教师在运用 3P 教学法时，能够比较容易地对课堂进行组织和控制，学生的一切学习活动和学习过程都在教师的预想之中，从而有利于提高课堂教学效率。

下面就对 3P 教学法在大学英语口语教学中的操作步骤进行具体描述。

（一）演示阶段

在演示阶段，教师通过解释、示范、举例、角色扮演等方式向学生介绍新的语言项目，包括语法、句法、会话技巧、功能等，这样能使新的语言知识的呈现在有意义的语境中进行。需要注意的是，在这一阶段，教师要确定课堂的教学内容和教学目标。在呈现语言的过程中，教师一方面要确保能使学生集中注意力，另一方面还要检查他们是否能真正听懂并理解新的知识点。

（二）操练阶段

在操练阶段，教师要尽可能多地给学生提供机会，通过各种形式的练习让学生进行内容展示，如采取句型操练等。需要注意的是，练习的程度应该由易到难地逐步加深。教师对活动的引导也应逐步由控制到半控制，从而使学生的自主性不断得到提高。

（三）成果阶段

在成果阶段，教师要给学生提供机会将其新学到的语言知识和交际技能融入已有的知识之中进行综合运用，以达到学生可以在自己语言能力范围内自由运用语言进行交际的目的。这一阶段如果操作得当，不仅可以使学生对口语学习产生浓厚的兴趣，而且还能调动学生的积极性，达到学以致用的目的，从而使学生获得成就感。

3P 教学法的上述三阶段教学程序清楚、明确，各阶段也都有其中心目标，不仅注重语言使用的准确性，同时也关注语言使用的流利性。因此，在大学英语口语教学中采用 3P 教学法具有十分重要的意义，不仅有助于提高学生运用语言的能力，而且符合教学改革的要求。

（四）实例展示

下面是在大学英语口语教学中运用 3P 教学法的一个实例，以供参考。

1. 教学任务

完成《新视野大学英语视听说教程》Book 1， Unit 10 的教学任务“It's the last day before the new school year begins”。

2. 教学目的

通过学习本课，使学生能够听懂与谈论与节日相关的内容；学习并掌握 while、when 等词引导的时间状语从句的用法；运用所学知识进行口头表述，达到学以致用的目的。

3. 教学流程

Step 1：Warming up

（1）Learning activities

① Enjoy a song named *Holiday*.

② Read the sentences and guess what holiday it is and when it is.

（2）Teaching activities

① Talk about the song.

② Show some sentences about holidays and help students guess and say the dates.

目的：通过一首歌不仅引出了节日这一话题，同时也营造了一种轻松的课堂气氛。然后，通过阅读所给的信息让学生复习一些熟悉的中外节假日，同时复习本课生词和日期的表达。

Step 2：Presentation

（1）Learning activities

① Listen to the tape and talk about American Independence Day.

② Listen to the tape again and choose the best answers.

（2）Teaching activities

① Play the tape and show some questions and three choices to each question.

② Show some pictures, play the tape again and check the answers.

目的：通过看图激发学生的兴趣，同时引出美国独立日及其庆祝方式。根据听力的难度，采用选择题，使难度有所降低，以便学生有效地听取重要信息。

Step 3：Practice

（1）Learning activities

① Listen to the tape and find what holiday they are talking about.

② Read the dialogue after the tape and check the true sentences.

③ Do a role play in groups, then act it out.

（2）Teaching activities

① Play the tape and let students know the topic.

② Let students listen again and imitate the conversation, then check the true sentences and correct the wrong ones.

③ Ask students to read in groups of four.

目的：通过听录音让学生获取重要信息，为后面的环节做准备。接着进行模仿朗读，尤其注意学生的语音和语调。同时，通过判断对错练习进一步了解中、美、英三国过节方式的差异。

Step 4：Production

（1）Learning activities

① Complete the conversation with the correct words in pairs.

② Talk about the Spring Festival in groups and write down something.

③ Make a report to class.

（2）Teaching activities

① Let students do it in pairs and check in pairs.

② Show questions to help students say as much as possible, then let some make a report.

目的：巩固和拓展本课知识点，即日期和从属连词 when、while、as soon as、until 等的用法；利用本课所学知识进行口头练习。

分析：上述口语教学采用 3P 教学模式。本次教学活动以节假日为话题，贴近学生的实际生活，容易激发学生的学习兴趣，并让学生以多种形式参与到教学过程中去。学生通过中外不同节假日的听说练习，对其中一些重要节假日的庆祝方式有一个大致的了解，同时通过对节假日话题的讨论逐渐掌握了一些主要句型的用法，如“I was wondering...” “Would you like to join...?”等。

八、课外教学法

课堂是大学英语口语教学的重要阵地，但同时也不能忽视课外教学。由于课外教学的操作性与控制性都比较难，因此该环节在大学英语口语教学中经常被忽视。课外教学是课堂教学的延伸，对学生口语能力的提高具有促进作用。因此，在教学改革背景下，教师应在大学英语口语教学中适当运用课外教学方法。课外口语教学要求教师充分发挥其引导作用，给学生提供有效的资源，同时注意加入监督机制。

课外英语口语教学可采用多种形式或活动进行。例如，组建英语角便是锻炼英语口语行之有效的途径之一。虽然英语角多是英语学习者自发的行为，但是使英语角活动得以顺利进行还需要有教师的参与，教师要负责英语角的最初组织与管理工作，从人员的安排、话题的确定、活动形式、设备等方面做好充分的准备工作。再如，教师还可以鼓励学生尽可能多地参加相关的社会实践活动，如为外国游客做导游，在活动中做志愿者接待外宾等。此外，进行对话比赛、举办英语朗读和英语歌曲大赛、举行英语辩论大赛等也是行之有效的活动形式。这类活动可以有效弥补课堂英语口语教学的不足，同时还可以培养学生学习语言的成就感。

第五节　多元文化视域下的英语口语教学改革

一、文化差异对英语口语带来的影响

（一）词汇等交际文化对英语口语的影响

各种语言中的许多词汇都有着特定的文化信息，即“文化内涵词”，这些词会影响学习者对英语的正确使用。有些词语的表意也是很丰富的，例如，英文 cousin 一词对应中文中的堂兄、堂弟、堂姐、堂妹、表兄、表弟、表姐、表妹这些词，可谓一词多义。汉语中表达烹饪的词汇有五十多个，英语中却只有十几个，所以不能简单地将英汉词汇简单对等。

（二）习语文化差异对英语口语的影响

不论是在中文里，还是在英文中，都蕴含着丰富的习语。它们简短生动，是历史文化积淀的产物，不深入了解其文化背景就根本无法理解其真正含义，最典型的莫过于两种文化对待狗这种动物的态度了。汉语中含有狗的习语大都是贬义词，而西方人则认为狗是人类忠诚的朋友，因此和狗相关的习语是没有贬义的，如“Love me, love my dog.”译为“爱屋及乌”。因此仅仅认识习语中的单词，并不代表理解这个习语的意思，想要在英语口语中正确使用习语，必须掌握和习语有关的文化知识。

（三）句式和语篇思维方式的文化差异对英语口语的影响

英语的句式较紧凑，以介词和连词构成的长句居多；而汉语句式则爱用动词，以短句为主。如：“It is a truth universally acknowledged that a single man in possession of a good fortune must be in want of a wife.”，这句话以汉语来说就是“凡是有钱的单身汉，总想要个太太，这是一条公认的真理”。

从语篇看，英语语篇模式大多为直线型思维，其特点是单刀直入，先提出主张再具体说明。以下面的一段话为例：

① Soccer is a very difficult sport.　② A player must be able to run steadily without rest. ③ Sometimes a player must hit the ball with his head. ④ Player must be willing to bang into and be banged into others. ⑤ They must put up with aching feet and some muscles.

英语国家的人说话时先开头点题（在此段话中表现为第①句），再具体分析（在此段话中表现为第②③④⑤句）。而中文语篇则体现出螺旋式思维，曲折迂回，先说明理由再提出主张。如果用汉语表达上面这段话的意思，则为“足球运动员必须能不停奔跑，有时候得用头顶球，并自愿撞别人或被别人撞，必须忍受双脚和肌肉的疼痛，所以说，足球运动是一项难度很大的运动”。由此可以看出，中文的表述和英文有很大不同。所以与英语国家的人交流时，应注意这两种思维方式的不同，以便更好地沟通。

二、多元文化对英语口语教学改革的启示

（一）口语教学需要培养学习者宽容的语言态度

据估计，使用英语的人数目前已经接近世界总人口的四分之一，而学习者的人数更是不可胜数。面对这一现实，从事英语教育或学习的人应充分认识到英语学习的目的已不局限于同英、美、加、澳等英语国家的人进行交流，还包括运用英语与来自不同国家背景的人们进行跨文化交流。

（二）口语教学需要增加自然语言的输入

英语在多元文化方面的表现首先体现在语言的差异上，在口语训练中需要有所革新，适当增加多元文化语境的能见度，在所选的口语教材中应当增加自然语言的分量。要使学生掌握英语中各种各样的自然表达方式，不能只固定采用一套教材，而应该添加一些辅助材料，特别是真实的录音材料。因为在现实生活中人们的语言千差万别，口语课的教学内容也应该丰富多样。要让学生听到和习惯各种不同的文化下的口语语境，以增加学生学习的灵活性，适应时代的需求。

（三）口语教学需要提升学生的参与度

学生学习口语的目的是要把英语作为交际工具来使用。当今社会多元文化发展迅速，口语课堂也要随时代的进步而进步，所传授的知识也必须与时俱进，适应社会的需要。要让学生拥有将英语作为交际工具的动机，并且对英语国家的文化差异有主动学习和了解的欲望，这样学生参与学习的态度才会是积极主动的，学习效果也会是明显的。教师应从主观上对英语的多元文化有丰富的理解，从自己对英语国家的社会文化认同方面来增强学生学习的积极性，调动学生的参与精神。教师更需要考虑到学生将来走出校门能否用到所学的知识，能否真正用所学的知识去交流，所以平常应当给学生讲授一些有实际操作性的知识。

（四）口语教学需要提高师生的文化意识

促使学生对文化产生兴趣并培养学生主动学习文化的意识是口语教学的一个重要方面。教师在教学过程中应该有意识地给学生介绍一些关于不同国家、不同文化之间差异的知识，激发学生的兴趣。教师在关于英语口语资料的讲解中可以给学生提供一些视频资料来直观地体现不同文化的不同表现；也可以让学生分成几组，对英美两个国家文化的不同点进行对比，看哪一组找到的差异最多。

在基于文化差异的英语口语教学中，教师需要激发学生的文化意识，只有这样，学生才能习得更加地道的英语。

第五章　大学英语阅读教学改革

自我国开展英语教学以来，阅读就备受重视。可以说，我国英语教学初始阶段最主要的目标就是培养阅读人才。然而，伴随着时代的发展和国际交往的日益频繁与深入，涉及英语阅读能力的领域越来越广、要求越来越高，当前英语阅读教学已远远不能满足这一现实需求，因此教学改革的呼声越来越高。在此背景下，大学英语阅读教学应该正视教学中面临的问题，结合读的教学着重注意点，以大学英语阅读教学的内容与目标为基础，探索新的教学方法，开展多元文化视域下的大学英语阅读教学改革，从而提高阅读教学质量，培养高素质的英语阅读人才。

第一节　大学英语阅读教学面临的问题

一、教学条件方面的问题

（一）教材设计不合理

教材是教学的重要指导性资料，在一定程度上影响着教师的教学内容和教学方向。但是综观我国的英语教材，其在设计上存在着不合理的状况，在整体上缺乏内在的连续性。

具体来说，我国大学英语教材注重阅读技能的训练。虽然从表面上看，教材设计本着层层深入的原则，在教学的不同阶段侧重点和针对性都十分明显，同时也符合学生具体的学习和认知规律。但是却存在严重的过渡问题，前一个学习阶段和后一个学习阶段缺乏承接性。

这种教材前后脱节的现象，在一定程度上影响了教学效果，对英语阅读教学也产生了很大的阻碍作用。阅读教学过程中应该遵循循序渐进的原则，在不同的学习阶段，应该使学生接触到不同程度的英语阅读材料，但是由于教材的脱节，学生的阅读训练缺乏整体性。学生跟上原本的阅读进度已经感到吃力，更何谈提高英语阅读能力了。

此外，从教材内容上看，入选或入编的文章主题和篇章结构性不足，所选社会科学主题、人文科学主题和自然科学主题的文章在量的方面不均衡，主题筛选的广度和深度都有待进一步提高。教材缺乏与学生生活的联系性，因此学生对教材内容的兴趣不高。

（二）课程设置不够合理

阅读教学是英语教学中的一个重要的组成部分，但是目前在课程设计上却存在着许多的问题。首先，阅读教学的教学目标和计划不够明确，在课时、师资等方面得不到有力的保障，从而影响了阅读教学整体效果的提升。其次，阅读能力的培养是一个循序渐进的过程，在不同的学习阶段，课程的侧重点不尽相同，如小学的课程侧重词汇、中学的课程偏重语法、大学的课程则重视阅读技能的训练。然而这三个阶段的课程在连贯性方面却没有做到位，缺乏必要的过渡。

二、教师方面的问题

（一）教学机械化，缺乏创新

大学英语教学仍旧采用传统机械式的教学法：课前预习；课中简要概括介绍，解释难点，提问问题；课后记忆。这种教学方法存在很多的缺陷：

第一，学生没有明确的目标如何进行课前预习。

第二，课中一直是教师的介绍，学生并未参与其中。

第三，单纯的理解性练习只能检测学生理解的结果，但是并不能检测学生理解能力的高低。

总之，这种缺乏互动的教学法必然将学生局限在教师的知识圈中，并不能提高学生群体的理解技能。

（二）教学观念落后

英语阅读教学目前在教学观念上仍然存在着比较严重的问题。很多教师只重视知识的传授，一味地讲解生词，进行逐句逐段的分析，然后对答案，而轻视了对学生阅读理解能力的培养，甚至忽略了学生在学习过程中的主体性。阅读作为一种重要的语言技能，其能力的培养有利于提高学生的分析、思考和判断能力，也有利于提高学生的人文素养，激发学生的学习兴趣，拓展学生的视野，提高学生综合语言运用能力。教师应该意识到，阅读是学生的主体性的、个性化的行为，教师不能以自己的分析来代替学生的阅读实践。因此，教师必须努力改变英语阅读教学中的旧有观念，多给学生自己阅读和锻炼的机会，帮助学生提升阅读水平，从而提高阅读教学质量。

三、学生方面的问题

（一）受母语思维影响

受文化与思维方式的影响，英汉两种语言在遣词造句上也有很大不同。例如，英语句子中只能有一个谓语动词，动词受形态变化的约束，是句子的中心，并借助一些连接词把句子的其他各个语法成分层层搭架，呈现出由中心向外延扩展的“分岔式”结构；而汉语一般通过多个动词的连用或流水句形式，按照时间的先后顺序和事理推移的方式，把一件件事交代清楚，呈现出“排调式”结构。

再如，中文习惯于将次要的描述性信息放在句子的前部，而将重要的信息放在句子的后部；与之相反，英文句式的表达特点是将重要信息放在句子的前部，而将次要信息置于句子的后部。学生如果对中英句式上的这种差别熟练掌握，在阅读中就可以适当分配注意力，提高阅读的速度和效率。

因此，在英语阅读教学中，教师的教不应仅仅局限在语言知识的讲解上，还应注重对学生进行跨语言文化的思维训练。

（二）阅读习惯不良

阅读习惯对阅读学习有着最直接的影响。每位学生都有自己的阅读习惯，良好的阅读习惯能让学生在短时间内获得最多的或最需要的信息，而不良的阅读习惯则会抑制阅读的成效。放眼我国大学生的阅读现状可以发现，很多学生在阅读时都有着这样或那样的坏习惯，现总结如下：

第一，用笔或手指着，一个字一个字地读。

第二，读出声来或在心里默读。

第三，重复阅读前面读过的内容。

这些坏习惯大大降低了阅读的效率，也严重影响了阅读学习的效果。对此，在教学过程中，教师应及时发现和纠正学生的这些不良习惯，培养正确的习惯，以帮助学生提高阅读和阅读学习的效率。

（三）背景知识欠缺

学生是教学的主体，是影响教学效果的主要因素。因而，学生方面存在的问题很大程度上制约着英语阅读教学的顺利开展。就目前来看，学生背景知识欠缺的问题比较严重。

缺乏必要的背景知识是造成阅读困难的主要原因之一。背景知识指学生掌握的各种知识，包括语言知识本身、文化背景知识和学生已有的各种生活经历与经验。丰富的英语文化背景知识能促进学生英语阅读能力的提高；反之，背景知识的缺乏则会造成阅读理解的困难。就目前来看，我国学生普遍缺乏英语文化背景知识，对英语国家的历史、地理、文化等不了解，从而制约了英语阅读教学的顺利开展。例如：

The eagle always flew on Friday.

eagle 是美国的国家象征，经常出现在美国钱币上，因此 eagle 在这里喻指美国钱币，于是我们可以推测这句话是想表达“美国人总是在周五发工资”，如果将其理解为“老鹰通常周五都飞来”就大错特错了。所以，学生只有进行广泛阅读，多了解英语国家的背景知识，才能提高阅读速度，保证阅读理解的准确性。

第二节　读的教学着重注意点

一、读的心理机制与认知过程

（一）读的心理机制

有关研究表明，阅读不仅是一种由多种因素制约的复杂的智力活动，也是一种复杂的语言与思维的交互作用的过程，更是一种非常复杂的生理和心理活动的过程。苏联教育家苏霍姆林斯基认为，阅读能力决定了一个人的智力发展。有心理学专家也认为，阅读和智力有着十分密切的关系。阅读是获取知识、发展智力的重要途径和高级神经系统的心理活动。因此，高智力的外语学习者在阅读过程中会获得更多的信息。

阅读作为一项复杂的活动，需要多个器官的分工与合作。在阅读者阅读时，许多器官如眼、脑、嘴、声带等都同时参与了这项活动，其中大脑起着尤为重要的作用，它直接控制着眼球的运动，指挥着语言识别，并对获得的信息进行再加工。阅读心理学的研究与发展表明，要读懂文字的意思，看到文字就直接理解其意思是完全可能的，而无须等听到或说出才理解。可见，高效率的阅读不仅可以省略由文字到声音这一步，甚至可以省略一定的文字符号来实现理解。因此，直接理解书面意义的默读能力是英语阅读能力的重要内涵。

在阅读过程中，除了眼睛感知文字符号所产生的视觉信息起作用外，由大脑所提供的非视觉信息也起着很大的潜在作用。非视觉信息包括很多方面的内容，例如，阅读者个人的语言基础知识、经验常识、逻辑知识，阅读者对所学语言国家的社会和文化背景知识的掌握等都属于非视觉信息。如果只靠视觉信息起作用，将互相之间毫无联系的字母排列在一起时，大脑只能识别五个字母左右。而有了非视觉信息的参与并与视觉信息综合作用以后，阅读者一眼就能看到 4 ～ 5 个有意义的词，甚至是有意义的句子。这一事实告诉我们，非视觉信息越丰富，阅读单位就越大，阅读难度也随之降低，阅读速度因此而加快。可见，有意识地不断增加学生的非视觉信息内容是培养和提高其英语阅读能力的关键。

（二）读的认知过程

1. 文字—语音—意义的转化

阅读活动的开始都是以眼睛看到文字符号为起点的，这些视觉符号在大脑中形成视觉映像，继而引起高级神经动觉中枢的活动，发音器官就会发出语音，产生听觉活动，这时文字信息才会被理解。

英语是一种拼音文字，词语的音形联系紧密而直接。因此，学生在阅读英语时明显地呈现出“文字—语音—意义”的阶段活动特点。这种特点从英语学习的开始阶段就存在。

需要指出的是“文字—语音—意义”不仅仅存在于语篇阅读中，在单词、词组、短语、句子的阅读中同样存在。因此，要提高学生的阅读能力，首先必须加强学生的口语能力，通过问答、对话等方式训练学生对语言片段的反应速度，为阅读效率的提高打下扎实的基础。

2. 声读——直接理解的转化

阅读方式主要有三种：出声的读、不出声但发声器官活动的读和心里默读。这三种阅读方式，尤其是默读，并没有摆脱声音对阅读速度的限制，因此它们都属于声读。

朗读是声读最典型的形式，对初级阶段的英语学习有着积极的促进作用。它不仅可以帮助学生更深刻地理解阅读材料，还能培养学生拥有良好的语感，最终促进阅读能力以及其他语言能力的提高。值得注意的是，朗读的使用与否应根据学习阶段、学习内容而定，不能盲目开展，因为过分强调朗读对默读能力的形成是不利的。

事实上，要了解一则语篇的意思，读者无须听到每个单词，只看文字就可以理解其含义，因此读者无须将书面语转换为口语再进行理解。可以说，有效的阅读与语音并无必然联系，它不仅能跳过“文字→声音”的转换步骤，还能跳过一定的文字符号，通过抓取关键词来获取主要信息。实践表明，阅读能力强的人只看到 1/5 的文字就能理解整篇材料的大致意思，这样一来，阅读的速度自然就远超口语的速度了。

3. 视觉信息与非视觉信息的结合

阅读过程是视觉信息和非视觉信息综合作用的过程。视觉信息是指那些由眼睛感知的文字符号，非视觉信息是指读者本身就有的全部知识。在阅读的过程中，读者通过这些知识对看到的文字符号进行信息加工，才有可能理解这些文字符号蕴含的意义。

二、阅读理解的模式

对阅读理解的模式，目前存在着三种不同的说法。一种叫“自下而上”的阅读、一种叫“自上而下”的阅读，还有一种叫“平行”或“交叉”的阅读。

主张“自下而上”的模式的人认为，读者是一个个字母、一个个单词、一个个句子地逐步对所读的文章进行处理，最后得出文章的意义的；每一层次的加工完成之后，才能开始下一个层次的加工。先得出每一部分的意义，最后才得出文章的整体意义，即其教学顺序是“词—句—篇”。这是一种知识性阅读，其注意力放在识别和辨认课文中的词、句和语法等表层结构和意义特征上。这种观点强调直观信息的重要性。

主张“自上而下”模式的人认为，阅读者首先利用有关世界的普通常识、语言知识和对主题的了解来理解整体意义，用语境来推测生疏项目的意义之后，阅读者才仔细研究意义是如何表达的。这是一种交际性阅读，其注意力放在整体信息的获取与贯通上面。这种观点认为非直观信息才是最重要的。

主张“平行”或“交叉”模式的人认为，读者既需要低层面上的技能（识别字母和词等），又需要高层面上的知识（对普通常识和主题的了解），才能理解一篇文章。他们认为，阅读者需要同时利用各个层次上的知识、技能和能力等。识别直观信息之后，要立刻用非直观信息加以处理和理解。

人们到底如何读，这不是一种模式可以完全包揽和概括的。以上的讨论和人们阅读的经验表明，“平行”或“交叉”模式似乎更有道理。

三、培养良好的阅读习惯

（一）扩大视距

阅读时靠眼睛摄取文字符号，再由大脑进行解码和编码，将文字符号转换成信息。因此，眼睛摄取信息的效率直接影响到阅读的效率。为了在阅读时提高摄取信息的效率，就要尽量扩大视距。视距是指阅读时眼睛在单位时间内覆盖文字的最大限量。视距大，阅读速度肯定快，阅读效率也就高。一个人在阅读的开始阶段，视距很小，但随着阅读量的增加，词汇量和各种知识的不断扩大以及良好阅读习惯的形成，视距会越来越大。明白了视距的道理，我们在阅读时就应主动扩大自己的视距。

（二）克服声读

从是否出声的角度看，阅读一般可分为朗读和默读。朗读可以说就是声读，而默读是否就可以说是不出声的阅读呢？严格说来不是这样的。因为许多人在默读时其发音器官仍处于紧张状态。因此，这样的默读仅是“一种表面不出声的阅读”。实践和研究都证明，无论是声读还是默读，都会延长文字符号转换为信息的编码过程，因而阅读的速度必然受到限制。

这里笔者提出“视读”的概念。视读是仅用眼睛而发音器官不动的真正意义上的无声的阅读。视读可以大大缩短文字转换为信息的时间。无论是平时阅读还是做阅读理解题，我们都要克服声读，运用视读。

（三）克服逐字读

逐字阅读指的是用手指着读。这样的阅读，人为地限制了视线的移动速度，因而会影响阅读效率。正常的阅读理解是以意群为单位的，同时通过过渡词等手段的连接而保持思维的连贯。阅读要保持适当的速度，这有利于对大脑中闪现的印象进行组合。如果阅读速度过慢，会造成前读后忘，反而会给理解造成困难。实际上，文章中所传达的信息不会是同等重要的，跳过某些词甚至句子并不影响对主要信息的获取。这里重要的一点是迅速抓住要旨词。如“My dear friend Mr Wang has a big black dog.”这句话中，抓住了“Wang has a dog.”，就抓住了主要信息。

四、阅读技巧介绍

（一）预测

这是指根据文章的标题或后面的阅读理解题以及其他任何可以捕捉到的信息预测文章的大体内容。

（二）一气呵成

这是指从头到尾一气读完一篇文章，中间尽量少回读。

（三）略读

这是指不是逐字细读，而是粗略地读，目的是把握文章的总体，抓住大意。

（四）查读

这是指为了弄清某一具体问题或某一句、某一段的意思而对文章的某一部分进行回读。在做阅读理解题时常常需要查读。

（五）判断或猜测词义

这是指不用工具书只是通过上下文或利用构词法判断或猜测词义。

（六）找主题句

议论文或说明文一般由主题句、扩展句和结尾句三部分组成。在阅读此类文章时应能迅速找出主题句。

（七）归纳段意

读完一篇文章后，能归纳出段意。

（八）辨别体裁

读完一篇文章后，应能判定文章是叙述文、描写文、议论文、说明文还是应用文等。这样有助于分析文章或有针对性地做题。

第三节　大学英语阅读教学的内容与目标

一、大学英语阅读教学的内容

无论哪种教学，教学内容都必须以教学目的为出发点。英语阅读教学的目的在于培养学生的阅读能力，使学生能够通过阅读英语材料获取所需信息。基于这一目的，大学英语阅读教学应包括以下内容。

①辨识单词。

②猜测陌生词语的含义。

③理解句与句的关系。

④理解句子言语的交际意义。

⑤辨识衔接词，并能据此理解文章各部分之间的关系。

⑥辨认语篇指示词语。

⑦把握语篇的主要观点或主要信息。

⑧总结语篇的主要信息。

⑨从细节中理解主题。

⑩将信息图表化。

⑪培养学生基本的推理技巧。

⑫培养学生的跳读技巧。

二、大学英语阅读教学的目标

《大学英语课程教学要求》为英语阅读教学提出了三个层次的要求：一般要求、较高要求和更高要求，具体内容如下。

（一）一般要求

①能基本读懂一般性题材的英文文章，阅读速度达到每分钟 70 词。

②在快速阅读篇幅较长、难度略低的材料时，阅读速度达到每分钟 100 词。

③能就阅读材料进行略读和寻读。

④能借助词典阅读本专业的英语教材和题材熟悉的英文报刊文章，掌握中心大意，理解主要事实和有关细节。

⑤能读懂工作、生活中常见的应用文体的材料。

⑥能在阅读中使用有效的阅读方法。

（二）较高要求

①能基本读懂英语国家大众性报纸杂志上一般性题材的文章，阅读速度为每分钟 70~90 词。

②在快速阅读篇幅较长、难度适中的材料时，阅读速度达到每分钟 120 词。

③能阅读所学专业的综述性文献，并能正确理解中心大意，抓住主要事实和有关细节。

（三）更高要求

①能读懂有一定难度的文章，理解其主旨大意及细节。

②能阅读国外英语报纸杂志上的文章。

③能比较顺利地阅读所学专业的英语文献和资料。

以上目标和要求为我国的英语阅读教学提供了权威指导，但教师不能死板地按照以上要求开展教学，而应根据实际情况把握教学内容和教学进度，突出重点，详略得当，当快则快，当慢则慢，使教学活动始终围绕着学生的实际状况开展，以保证最终的教学效果。

第四节　大学英语阅读教学的新方法

一、教授阅读策略

掌握一定的阅读策略对学生的阅读大有帮助。因此，在阅读教学中，教师应注意阅读策略的传授，不能一味沿用旧的教学方法，让学生按照自己的习惯来学习。概括来说，阅读中常用的策略主要有以下几种。

（一）略读

略读是一种快速阅读文章以获取文章大意的阅读方式。这种阅读方式要求读者以意群为单位，双眼迅速扫读文章，同时注意选择一些重要的词语、句子来读以获取主要信息，那些次要的信息和细节可以直接略过。需要指出的是，略读过后，读者要能够确定文章结构和作者语气。

略读的作用主要在于快速抓住文章梗概、测试读者在只阅读部分句子的情况下对文章的掌握程度。根据略读的结果，读者可以进行针对性训练，从而提高阅读的效率。

（二）跳读

如果在阅读中只需要查找我们所需要的信息，这时就没有必要逐字逐句、从头到尾通读下去，而是可以采用跳读的方式。跳读尤其适用于时间紧迫，不能进行通篇阅读，而又对选择题中的几个选项无法判定的情况，其目的是根据问题寻找答案，准确定位详细而又明确的信息。

（三）寻读

和略读、跳读一样，寻读也不需要对文章进行逐字逐句的阅读，而只需根据要求在文章中迅速搜寻所需内容。这种具有极强针对性的阅读技巧提高了阅读速度。在寻读过程中，学生可快速浏览全篇，忽略与题目要求不相关的信息，积极寻找和题目相关的内容。寻读技巧用于英语四、六级考试颇有成效。

（四）寻找主题句

文章是由段落组成的，因此对段落大意的理解是语篇理解的基础。理解段落大意的关键是寻找主题句。主题句是对文章大意的概括，结构较为简单，一般位于段落的开头，有时也位于段落的结尾或中间，甚至隐含在段落里面，需要读者认真分析、理解。

（五）推理判断

并不是所有的信息都能从文章字面意思上看出，有时就需要推理判断。推理判断对学生的要求较高，它要求学生要以理解全文为基础，从文章提供的各个信息出发，对文章逐层进行分析，最后准确推断出文章的中心思想。推理判断有直接推理判断和间接推理判断之分。直接推理判断是指在理解原文表层含义的基础之上，结合所提供的信息推断文章的结论。间接推理判断是指挖掘文章的深层含义去推测作者的态度和文章的主题等。

（六）猜测词义

猜词策略要求读者根据上下文线索、逻辑推理、背景知识及语言结构等知识猜测某一生词、难词、关键词的词义。熟练掌握猜词策略对提高阅读速度与能力、增强学习英语阅读的兴趣和信心具有极大的促进作用。

具体来说，猜词策略主要有以下几种。

1. 根据定义猜测词义

为了便于读者理解，很多作者都会对文章中的概念做进一步的解释和说明，而且常会使用一些标志性短语，如 which means、in other words、namely、refer to 等，据此就可以猜测词义。

2. 利用同义词和反义词猜测词义

在介绍或说明某个概念时，文章作者常会采用与其相同或相反的词来重复说明，根据这些同义词和反义词就可以猜测词义。

3. 根据上下文猜测词义

有时生词所在的上下文会为其语义提供指引，学生可利用生词所处的语言环境来猜测词义。

4. 利用构词法猜测词义

根据英语构词法知识，如词根、词缀、截短法等来猜测词义，是一个重要而且科学的方法。

二、合作阅读教学

合作阅读教学法是指通过小组合作的方式让学生互相帮助，在交流讨论中深化学生对文章的理解，并使他们掌握一定的阅读策略。这种教学方法适用于大部分课堂，在学生阅读水平参差不齐的班级中效果尤其显著。通过合作阅读教学，学生的词汇量、阅读能力以及合作意识都会得到极大的提升。

具体来说，合作阅读法的操作步骤如下。

（一）读前准备

合作阅读开始之前首先应做好读前准备，其目的在于激活学生头脑中的相关图式。读前准备主要包括以下几项内容。

第一，对文章主题进行预测。

第二，激活与文章相关的背景知识。

第三，短时间内了解与文章相关的信息。

做好读前准备对激发学生兴趣、促进阅读理解有很大的帮助。为实现这一点，教师要从以下两个方面着手。

第一，鼓励学生在脑海中搜寻尽可能多的背景知识，并让他们将之全部输出，汇总报告给全班学生。

第二，鼓励学生预测文章内容。

（二）细节阅读

在这一环节中，学生开始阅读文章，了解文章细节，并找出哪些内容能够理解哪些不能理解，从而对自己的阅读进程、理解程度有一个清晰的认知和监控。当遇到难以理解的内容时，学生可以通过以下几种方式来解决。

第一，利用构词法知识猜测词义。英语中很多词语遵循着英语构词方法，掌握这些方法对理解生词有很大帮助。

第二，利用上下文语境测猜词义。这是因为词汇只有在交际语境中才具有准确而具体的意义。

第三，利用关键词、连接词理解词义。

（三）大意理解

阅读结束后，学生首先应该对所读文章大意有一个整体的了解。具体来说，此时学生应该完成以下两条要求。

第一，找出文章六要素，即时间、地点、人物、起因、经过、结果。

第二，能够用自己的语言重述材料内容，注意包括以上六要素。

在这一阶段，教师可先提出一些问题，让学生带着问题去阅读。阅读结束后可将学生分成人数相同的若干小组进行讨论，交流观点后归纳总结出答案，最后教师可抽查每个小组的讨论情况，请某个或者每个小组陈述观点，其他小组成员可发表评论意见，充分发挥交际对于语言学习的积极作用。

（四）巩固理解

巩固理解环节主要是加深学生对材料的理解，同时扩展学生的知识面。本环节中，教师可让学生根据阅读材料提出问题。由于学生长期以来都处于被提问的位置，可能不擅长提问，所提的问题也有可能偏离重点，为避免这些情况的发生，帮助学生提出实际有用的问题，教师可先提出几个问题为学生做示范，使学生明白各类问题的提问方法和问题与材料之间的关系。例如：

What do you think would happen if _________ ?

What might have prevented _________ from happening?

What are the strengths of _________ ?

What are the weaknesses of _________ ?

How are _________ and _________ different?

What other solution can you think of for the problem of _________ ?

（五）合作学习

通过前面四个环节，学生应该已经十分了解阅读材料并已经熟练地掌握了阅读的策略，此时就可开展合作学习活动。教师可将学生分成六人小组，每个小组成员都要扮演某种角色。角色分工如下：

1. 组长

组长的责任是确定合作阅读每一阶段的任务，组织整个活动的开展，保证活动的顺利进行。

2. 问题专员

问题专员的责任是在学生猜测词义时用问题卡片提示操作步骤。

3. 激励员

激励员的责任是鼓励组员积极参与活动，评估每个组员的参与程度，为小组下一步活动提供建议。

4. 监控员

监控员的责任是监控组员的参与情况，保证每次只有一个人说话，避免七嘴八舌的讨论。

5. 发言人

发言人的责任是作为本组代表宣读讨论结果。

6. 计时员

计时员的责任是掌控阅读各阶段的时间，提醒组员及时转入下一阶段的活动。

小组合作学习中，学生能够在轻松的心理状态下加强交流，进一步深化对文本的理解，锻炼学生听、说、读的综合语言技能，有助于学生辩证思维和创新意识的培养和发展。

通过上述环节，学生的阅读学习得以循序渐进地逐层开展，这不仅符合人类的认知规律，也符合语言活动发展的规律。

三、结合元认知策略进行教学

20 世纪 70 年代，美国心理学家弗拉维尔首次提出了“元认知”这一概念，即认知主体关于对自己认知过程、结果以及相关活动的认知。简单来讲，元认知是对认知的认知。

加涅认为，元认知策略是指学习者利用元认知知识有意识地、合理地对自己的学习进行安排、监控、调节和评价，从而提高学习效率。由此可见，元认知策略是一种自我监控策略，体现了学习者的自主性和主体性。

将元认知策略首次引入英语阅读中的是布朗。他认为，在英语阅读中使用元认知策略可大大提高阅读的效率。因此，在英语阅读教学中，教师应培养学生掌握这一策略，让学生对自己的阅读活动有一个更加清醒的认识和监控，从而选择恰当合适的阅读策略，提高阅读效果。

（一）引导学生读前预测

有效合理地使用阅读策略和技巧对提高阅读能力发挥着重大的作用。而根据元认知策略，对文章内容进行有根据的预测是阅读前的一项重要准备工作，如果做好了读前的预测工作，那么学生就会在头脑中对文章构成合理的想象，对文章有一个大致的了解，并形成初步的阅读计划，进而胸有成竹地继续阅读。因此，在阅读教学中，教师首先应向学生布置相关的预测任务。在进行整篇阅读之前，教师可要求学生依据文章的标题以及文中的插图等信息对文章内容进行有根据的预测。与此同时，教师要充分发挥课堂提问的作用，通过有效的提问来激发学生的想象力，并组织学生积极展开讨论，以扩大话题，发散学生的思维，从而使学生的预测与文章内容更加接近。此外，教师还可以从文章中找出一些关键词，让学生根据这些关键词展开想象，预测文章的内容。

让学生对文章的内容进行预测，不仅可以激发学生的学习兴趣，发展学生的思维和想象力，还能培养学生的预测和推断能力，进而培养学生的阅读能力。

（二）引导学生读中监控

在阅读过程中，教师要根据不同的阅读目的引导学生采用不同的阅读策略。如果阅读文章只需要了解其大概含义，就可以采用泛读法。具体来讲，教师可以引导学生阅读文章的首尾段以及各个段落的首尾句，找出各段的主题句、中心句等，以了解文章的各段大意。如果需要对文章进行全面细致的了解，就需要精读或细读。在了解整篇文章的大概意思之后，还要引导学生对文章的句子、短语和词汇进行细致理解，分析重要的句子结构和语法。对于一些较难且重要的文章，教师则要引导学生对重要句子的语法点进行深入的分析和比较，梳理句与句之间的内部关系，弄清句子的深层含义和作者的意图与观点。而这些都需要学生根据阅读目的对自己的阅读策略和过程进行有意识的监控，即在实际的监控过程中依据上下文猜测词义，找出能体现作者写作意图的句子，并提出自己的观点。

此外，教师在教学中还要指导学生根据自己的阅读情况调节自己的阅读速度，但这种调整要在保证准确理解的基础上进行，以保证阅读的有效性。

（三）引导学生读后反思

学生阅读完以后，教师要引导学生反思和评价自己的阅读情况，总结阅读经验教训，在日后遇到同类问题时能够更好地处理。具体来说，教师要教会学生如何分析和解决阅读中的问题，如遇到生词和陌生的语法时，不能因为抠生词含义而降低阅读速度，这样会导致阅读时间不足，继而影响对整篇文章的理解。另外，教师还要让学生总结阅读过程中哪里做得好，哪里做得不好，找出原因和解决的办法并写成反思日记，作为以后的借鉴。

四、结合文章背景进行教学

（一）教学理念

结合文章背景进行教学是指在阅读教学过程中，教师要让学生在关注阅读材料的同时，对文章的作者、写作背景、写作意图等也有所了解，并基于这些了解对文章的整体结构、写作思路、文章观点等进行思考和评价，让学生意识到作者是如何选词造句、设计结构来实现写作意图的，以此来加深学生对文章的理解，同时锻炼学生形成分析性、批判性思维。这对他们未来的阅读学习和阅读实践十分重要。

（二）教学步骤

第一步，教师布置阅读任务，任务不宜太艰巨，以文章的一、二段为宜。

第二步，学生开始阅读之前，教师还要提出一些与文章相关的问题，让学生带着问题阅读，边读边思考。例如：

What is the author trying to tell you?

Why is the author telling you that?

Does the author say it clearly?

How could the author have said things more clearly?

What would you say instead?

第三步，阅读结束后，将学生分为若干小组，组织学生讨论之前提出的问题并提出自己的疑问，总结每组观点和问题。

第四步，每组派代表回答前述问题并提出本组疑问，其他学生自由回答。

第五步，通过学生的讨论和回答情况，教师对学生的阅读情况进行评估，并注意多鼓励、少批评。

五、结合图式理论进行教学

“图式”这一词语来自希腊语，最早出现在古希腊哲学和心理学的著作中。但其作为一个概念却最早由德国哲学家康德提出。康德指出，“图式是先验想象力的产物；先验的时间规定性是将知性概念与感性经验统一起来的第三者，是沟通概念与对象的媒介物”。语言学家库克指出，图式是形成于人脑长期记忆中的有关人对世界的认识，也就是所谓的背景知识。图式对人们的认知过程有着重要的作用，它是认知的基础，人们在处理外界信息时都需要调动大脑中的相关图式，当读者将大脑中的图式与语言材料所提供的信息联系起来时，就能理解所阅读的材料，否则阅读就会失败。到了 20 世纪 60 年代，图式理论得以产生和发展。图式理论主要研究和说明了已知信息对认识所起到的基础性作用。

通过了解图式理论的基本内容可以得知，图式理论与阅读有着紧密的联系，并对阅读的顺利进行起着重要的制约作用。首先，图式对阅读具有指引注意的作用，通过运用图式，学生可以在阅读中自行控制自己的注意力。其次，图式具有促进编码的作用，通过运用图式，学生可以将阅读的内容与自己已有的知识结合起来，找出恰当的“结合点”，进而形成易于理解的编码。最后，图式能够促进记忆和形成推理，这些都有助于学生的阅读。所以，结合图式理论进行阅读教学，能显著提高学生的阅读能力，使学生对阅读有一个深刻的理解。根据图式理论，图式可大致分为三类：语言图式（linguistic schema）、内容图式（content schema）和形式图式（formal schema）。以下就结合这三个方面来分析基于图式理论的英语阅读教学策略。

（一）建构语言图式

语言图式是指读者所掌握的语言知识以及运用语言知识的能力，也就是读者掌握的关于语音、语法、词语等方面的知识以及运用这些知识的能力。扎实的语言知识是阅读的基础和前提，如果不具备相应的语言图式方面的知识，就不具备对输入的信息进行编码和解码的能力，也就不能依据文章信息激活大脑中的其他图式，进而也就不能获得对文章的深刻理解。可以说，语言图式在某种程度上反映了读者的语言水平。所以，教师在进行英语阅读教学之前首先要帮助学生建构语言图式，为阅读的展开做好准备，排除学生阅读理解中的困难，保证学生的阅读顺利有效地进行。

在传统的教学中，教师也非常注重对词汇的讲解。在学生开始阅读之前，教师也会讲解生词，介绍词语搭配，并举例说明等。但是，建构语言图式并不是简单地对阅读中相关的词汇及其例句进行罗列，而是对相关词汇的意义的组合和建构。

（二）建构内容图式

内容图式又称“主题图式”，是指读者所掌握的关于文章内容的背景知识，如语言知识、文化背景等。阅读理解之所以能够顺利进行，内容图式起着关键的作用。如果缺乏内容图式，读者即使能读懂字面文字，也无法参透其本质内涵，达到与作者交流的目的。而这也正是造成许多读者阅读失败的重要原因。

读者的背景知识可以填充阅读中缺失的信息，同时也有助于帮助读者更加准确地预测内容的展开方向。所以，在阅读教学中，教师要注意对学生内容图示的建构。具体来讲，教师可以先向学生介绍一定的背景知识，然后以提问的方式来巩固学生的内容图式。

（三）建构形式图式

形式图式是指关于文章的文体、谋篇布局方面的知识，表明文章的类型、篇章的组织和修辞结构等。对文章体裁结构的了解有助于读者对文章内容的理解。

具体来讲，文章可分为记叙文、说明文、议论文等，每一种文体都有各自独特的写作风格和表达模式，熟悉不同文章的类型有助于读者从整体上把握文章的组织结构和作者的写作思路，从而在一定程度上简化了阅读的过程，并降低了阅读的理解难度。所以，在具体的教学中，教师要有意识地向学生介绍这方面的知识，帮助学生建构形式图式。

以上从总体上对结合图式理论展开阅读教学以及在阅读教学中如何建构学生的图式进行了介绍，结合图式理论进行阅读教学的重要性和意义也不言而喻。当然结合图式理论进行阅读教学的方式远不止上述介绍的几种，在这里就不再详述了。

六、大学英语阅读教学实践

阅读教学实践的步骤包括以下几方面。

（一）教学任务

完成读写课的教学任务：学习“Healthy food”一课。

（二）教学目的

培养学生寻读、略读等阅读技巧和合作学习、自主探究的能力。

（三）教学形式

小组合作学习、个人自主学习、小组间互动交流。

（四）教学流程

1. 激活思维

① Sing the song.

② Answer the teacher's questions.

My favorite food is...

Yes, I've got some. / No, I haven't got any.

③ Free talk(2-3 minutes).

此步骤的目的在于，教师从歌曲引入复习与“食物”有关的单词，通过让学生快速回忆学过的单词，为下面的知识运用做准备。此外，每天简短的 2~3 分钟的自由谈话（free talk）可以培养学生英语口语的运用能力。

2. 输入信息

（1）呈现

Learn new words: eat noodles / ice cream / fish / hamburgers / rice / candy / drink...

此步骤的目的在于，从上一环节过渡到本节课的课程内容。而用多媒体展示形象生动的食物图片，有效保证了学生学习新知识的兴趣。

（2）练习

① Work in pairs.

A: What do you like?

B: I like eating / drinking...

② Guess.

Does she like eating / drinking...?

Do they like eating / drinking...?

Because they like eating junk food.

③ Learn new words.

healthy / unhealthy

此步骤的设计目的有三个：

第一，通过让学生说出自己喜欢的事物和饮料名称而使学生巩固了 eat 和 drink 的用法。

第二，通过让学生猜测女孩喜欢吃的食物这一形式来展开，并引入“要吃健康食物”这一概念。

第三，通过 healthy 和 unhealthy 这两个生词的讲授过渡到关于健康食物和不健康食物讨论的环节。

（3）略读

① Skim the text.

② Answer two questions:

Are meat and fish healthy food?

Is Coke a kind of healthy drink?

此步骤的目的在于，通过快速阅读的策略，让学生了解哪些食品和饮料是健康的，哪些食品和饮料是不健康的，从而加深对于健康食物和非健康食物的认识。

（4）寻读

① Scan the text and check the true sentences in Activity 3.

② Read the passage while listening to the tape.

③ Discuss in groups.

此步骤的目的在于，通过阅读使学生形成健康食品和非健康食品的概念。通过听磁带培养学生正确的朗读能力，提升他们的听力水平。

3. 加工处理

（1）提问

① Ask some questions that they can’t understand.

② Help each other to solve the problems.

此步骤的目的在于，让学生能够自由提问，可以让阅读能力较强的学生帮助阅读能力较差的学生，以达到“兵教兵”的目的。这同时也有助于提高学生质疑探究的能力。

（2）造句

① Choose a number, then make a sentence with “but”.

② Individual answer: Finish Activity 5.

此步骤的目的在于，通过造句，使学生掌握 but 一词的各种用法；通过游戏增强趣味性；通过口头练习含有 but 的并列句，使学生学会恰当地使用 but。

4. 输出信息

（1）说

Survey: Ask several students: “What’s your favorite drink / food ? ”. And find healthy food and drink.

此步骤的目的在于，用调查的形式来了解学生喜爱的食物，并让学生运用所学的知识去帮助其他人了解健康食物，从而达到“学以致用”的目的。

（2）写

① Answer the reporter’s questions.

② Write a report for the survey.

此步骤的目的在于，通过汇报来展示学生的演讲能力和调查成果。

（3）延展

① Think about how to be healthy.

② Learn useful proverbs.

③ Write a passage about one of his / her friend’s favorite food and drink. Find healthy food and drink.

在此步骤中，呈现有关健康食物的名言，把本课重点“健康饮食”上升到一个新的高度，让学生发表对如何保持健康的看法。通过总结，让学生了解课文重点，并布置作业，让学生进一步运用所掌握的健康饮食的知识去帮助周围的人形成同样的生活意识。

分析：该阅读教学案例可以激活学生思维，使他们能够把有效的输入信息进行个性化的处理，将学习到的知识通过说和写的方式输出。

第五节　多元文化视域下的英语阅读教学改革

一、文化差异对阅读带来的影响

文化差异在很大程度上决定了语言的差异，从而影响着读者对阅读材料的理解。

（一）联想意义中的文化差异

由于中西方文化渊源不同，人们对同一事物的理解也各不相同。如 dragon（龙）这个词对西方人和中国人来说，引起的心理反应是有很大不同的。中国古代把龙作为帝王的象征，把“龙”用在帝王使用的物品上。由于历来把龙视为吉祥和权力的象征，因而我们的语言里就有了“龙飞凤舞”“望子成龙”等一系列与龙有关的成语。然而，在西方的文化中，龙却被看作长翅膀、大多会喷火、穷凶极恶的怪兽，代表凶恶和残暴。如果对一位英国朋友说：“I wish your son to be a dragon.”，这位朋友一定不高兴。对于同一篇文章，不同文化背景的人会读出不同的感受。例如，《新视界大学英语》第三册课文“Here Be Dragons”中的结尾段，“Fairy tales do not tell children the dragons exist. Children already know that dragons exist. Fairy tales tell children the dragons can be killed.”。对于不了解西方龙文化的中国学生就很难理解，弄不清楚为什么童话故事要向孩子灌输作为吉祥象征的龙可以被杀死的观点。

（二）句子层面的文化差异

文化障碍不仅存在于丰富的词汇层面上，而且存在于句子层面上，包括典故、习语和谚语。句子蕴含的文化差异给外族人对句子的理解构成障碍。习语是文化的一部分，英语中丰富的习语给中国学生的阅读带来了障碍。例如，“She can talk the hind leg off a donkey.”句子中的“talk”为不及物动词，后面本来不直接加宾语，用在这里很难理解，而知道这是习语的人就很容易理解此句，意思是“她一直不停地说，以至于驴子的后腿都掉下来了”，所以可以翻译为“只要她一开口，就滔滔不绝”。又如，“The world was my oyster.”这个习语的意思是“对我来说，生活中充满着无限的机遇；在这个世界上我可以做任何事情（或许能在牡蛎中找到珍珠）”，因而可以翻译为“整个世界就是我的盘中餐”。

（三）成语典故中的文化背景

语言不仅是文化的重要组成部分，而且是文化的载体。每种语言都是一个国家文化发展的产物，都有其悠久的历史背景和丰富的文化内涵。每个国家都有其独特的发展历史、生态环境、民情风俗等，因此每一种语言都负载着文化的特定词汇、成语、典故等，导致非母语学习者在理解时常常会遇到障碍。例如，某单元主题是人与动物，仅仅就权利意识的增长和运用法律手段来保护动物免受人类虐待这一主题来说，中国学生就不易理解。而且，课文中还涉及了有关动物的成语典故和表达方式。例如，“She let the cat out of the bag when she told everyone about Mum’s party.”一句子中的“let the cat out of the bag”有其成语来源：旧时纽约州农民把猪放在袋子里卖，但因为猫不如猪值钱，有时不诚实的人会试图把猫装在袋子里当猪卖，买的人如不打开看就会上当受骗，有时猫会从松开的袋子里钻出来露出真相从而毁掉买卖，所以 let the cat out of the bag 是指“无意中泄露真相”的意思。又如，“A little bird told me it’s your birthday today！”一句子中的“a little bird told me”的意思是“我通过一个我不想告诉你的线索得到信息”，这个习语的由来是鸟类很久以来就被认为和送信有关。再如，“My cousin is the black sheep of the family and nobody likes to talk about him.”一句子中的“the black sheep of the family”意思是家族中最糟糕、最不受尊重、表现最差的成员，即家族中的败家子。因为基因突变，哪怕是在一群白羊中偶尔也会生出黑羊来，但这并不是人们希望的，因为白羊的羊毛可以被染成各种各样的颜色，而黑羊的毛无法被染色，所以这只黑羊会被当成怪物和麻烦。

二、多元文化对英语阅读教学改革的启示

（一）因材施教

不同的学生有着不同的个性和语言水平。在以学生为主体的教学理念的指导下，英语阅读教学必须按照因材施教的方式进行。这就要求教师要选择合适的教学方法以满足不同水平、不同目标的学生的特殊需求，使每个学生都能得到阅读技能的提升。具体来说，教师需要注意以下两个方面。

第一，对于阅读能力较差的学生，教师应选择较容易理解的阅读材料（如短小的故事等），设计相对简单的问题。当学生正确回答问题时，就会产生成功的喜悦感，同时找到学习的自信和乐趣，从而以更大的热情投入阅读学习中去。

第二，对于阅读能力较强的学生，教师可选择具有挑战性的阅读材料（如世界名著、期刊等），同时布置一些富有挑战性的任务，让学生在扩展视野、增长见识的同时挑战新的高度，从而达到更高的水平。

（二）教学多样化

多样化包括两个方面：导入内容的多样化和导入形式的多样化。

1. 导入内容的多样化

导入内容的多样化要求教师做到以下两点。

第一，所选材料应经常变换体裁，而不能局限于一种体裁。这样才能满足

学生的多样化需求，使学生熟悉各种体裁文章的不同行文特点，从而提高阅读理解的准确性。

第二，所选材料不能局限于一类主题，而应经常变换题材。这样才能增加学生的不同文化知识，以提高阅读理解水平。

2. 导入形式的多样化

导入形式的多样化，主要应做到以下两点。

第一，根据实际情况，运用比较、融入、注释、体验等多种方法导入相关文化知识。

第二，通过图片、视频、音频等材料来对某一个文化现象进行解释和说明，从而让学生从真实的文化环境中了解与掌握语言所负载的文化内涵，体验英语国家的文化。

需要注意的是，作为教学活动的引导者和组织者，教师担当着文化传承的角色。因此，教师除了要在文化导入过程中注意上述几个方面以外，还要在课内外不断加强自身的文化素养并能在阅读教学过程中融入相关的文化背景知识和内容，讲授语言深层的文化内涵。

（三）运用多种方法导入文化

1. 差异对比

英汉文化差异巨大，关于这些差异的对比无论是从方法上来说，还是从内容上来讲，都有助于调动和培养学生学习的兴趣。

通过对比英汉两种文化之间的差异，教师要让学生了解不同的语言以及语言背后不同的文化，知道不同的语言有着不同的习惯表达方式。这种文化差异的对比可以增强学生的文化感悟力。需要注意的是，文化差异的比较不应局限于课本所提供的材料，就课文讲课文，而应该透过语言看文化，通过课本提供的语言材料了解与把握其中所蕴含的民族文化语义，使枯燥无味的词语讲解和篇章结构分析变得生动活泼、有滋有味，这样才能最大限度地激发学生的学习兴趣，使学生既能学到英语语言知识，又能领略英语国家的文化。

2. 教师介绍

教师是学生获得相关英语文化知识的重要途径，因此教师应该充分发挥自己的作用，在英语阅读教学中通过介绍和讲解导入文化知识。在阅读理解课堂教学中，教师可以结合教材，有计划地安排一些专题，介绍英语国家文化背景知识。例如，可以安排英语国家文化知识讲座，介绍和讲解英语国家的文化背景知识，从而使学生对英语国家的文化背景知识有一个比较系统的认识。

3. 课外阅读

英语阅读教学不应该仅仅局限于课堂教学。

课堂教学的时间毕竟是有限的，教师应该引导学生充分利用课外时间阅读，接触更多的英语文化知识。教师可以向学生推荐一些有关英语国家文化知识的书籍，鼓励学生通过广泛阅读不断增加、积累英语国家的文化背景知识。

4. 角色扮演

在阅读教学中，教师可以紧密结合教学内容，根据日常生活中的交往习俗，按照不同的功能，如 greeting、asking the way、shopping 等，设计相关的情境，让学生分角色扮演，对所设计的情境进行演绎，从而增强学生的学习兴趣，刺激学生对课堂学习的参与性，并提高学生对文化知识的实际运用能力。

（四）循序渐进

由于学生的语言水平参差不齐，在阅读教学的基础阶段教师在选择导入内容时不能一上来就选择那些较难理解的文化知识，而应按照循序渐进的方式，由浅入深、由简单到复杂逐步地导入相关的文化知识和内容。此外，教师在导入英语国家的文化背景知识时，应尽量选择那些与学生的生活密切相关的内容，或想办法将要导入的内容与学生的生活联系起来，这样才能更好地激发学生学习英语的兴趣和热情。

（五）关联性

所谓关联性，即要求在阅读教学中导入的文化知识应以与材料主题、文章作者、写作背景等相关的文化背景知识为主。因为这些信息往往影响着文章的写作，继而也就影响了学生对语篇的理解。因此，教师在阅读教学中导入文化知识时，一定要对此给予足够的重视，从而帮助学生更准确、更深刻地理解所读材料。

需要指出的是，关联性原则虽然要求教师在阅读教学中应包含对背景知识的讲解，但这必须在不影响材料本身讲授的基础上开展，文化导入应占据适当的比例，不能喧宾夺主，最终将阅读课变成文化课。在此前提下，教师还应进一步保证所导入的文化背景知识的基础性、相关性和必要性。

第六章　大学英语写作教学改革

写作可以反映一个人的语言修养。英语写作是英语教学的一个重要部分。大学英语写作教学长期困扰着英语教师，学生在英语写作上的表现也普遍不尽人意。而只有提高学生的英语写作能力，增强英语整体综合应用能力，才能更好地适应我国国际化发展的现状。不考虑其他因素，仅从大学英语写作教学的现状来看，大学英语写作教学就亟须改革。

第一节　大学英语写作教学面临的问题

英语写作能力是英语语言能力的一个重要组成部分，但长期以来，我国学生的英语写作能力一直没有得到有效提高。在全国大学英语四、六级考试中，学生听和读的成绩在近年来都有较明显的进步，但写作成绩则少有改善。写作始终都是英语教学的一个薄弱环节，并形成了对待英语写作“教师犯难，学生发怵”的现状。从当前的英语写作教学状况看，英语写作教学还存在如下几个问题。

一、学生方面的问题

（一）思想认识方面

我国英语写作教学中还普遍存在教师既不愿意“教”、学生也不愿意“学”的问题。从学生角度看，由于写作涉及语言和内容两个方面，存在语言表达困难、缺少及时反馈等问题。而如果学生得不到及时、有针对性的反馈，便会进一步挫伤他们提高英语写作能力的积极性。

（二）重模仿、轻创作

重模仿、轻创作是我国英语写作的一大弊病。尽管模仿是写作教学的起始状态，也是写作学习的必经阶段，更对我国学生（尤其是初学英语写作的学生）学习写作起到了促进作用，但模仿并非写作的最终状态。它虽然能够提高学生写作学习的效率，但并不利于学生写作能力的持续提高。因为写作不仅是一种个体的心智行为，更是一种创造的过程。从构思、行文到修改，写作过程始终体现着作者的个性特点与独立思考能力。写作过程中的意义和价值都是由学生创造而来的，一味地模仿必然会抑制学生的写作积极性与主动性，进而影响学生写作的动机和兴趣。

二、教师方面的问题

（一）写作教学系统性不够

1. 教学目标

任何一种技能的学习都不是一蹴而就的，其教学也不可能取得立竿见影的效果。因此，英语写作技能的培养也需要一个循序渐进的系统过程。这种循序渐进首先就要体现在教学目标的系统性上，这是实现英语写作教学目标的基本保证。

英语写作教学目标缺乏系统性是指总体目标（即针对学生的生理、心理特征，结合写作教学的自身规律，并在英语课程要求中明确规定的总体任务）与阶段性目标（即根据总体目标制订的一系列阶段性目标）之间互不协调，总目标与子目标之间连贯和衔接的科学性严重缺失。造成这一现状的原因可能是显性目标与隐性目标系统不平衡，也可能是教师对写作教学目标与学生实际写作之间的关系认识模糊。无论是什么原因，这种总体目标与阶段性目标的不协调显然会影响写作教学目标的实现。因此，学校、教师都必须克服这些不利因素，把握好英语写作教学总体目标和阶段性目标的关系。

英语写作教学目标之所以难以实现，一个主要的原因就是教师对英语写作教学目标与学生实际情况之间的关系认识不清。事实上，目标是教师和学生对学习结果的期待，是一个未实现的状态，因此教学目标与学生的实际之间必然存在一定的差距，适当的差距对学生写作能力的提高是有利的，而过大或过小的差距则不利于学生写作能力的提高。基于这点，英语写作教学可被视为帮助学生向目标逼近的过程。英语教师和学生可以借助目标与实际之间的距离，设定一些教学或学习步骤，并熟悉实现每一步骤的目标的条件、困难和可能性。否则，一旦教师对写作教学的目标与学生实际之间的关系和意义认识不清，就会导致行动和反应上的迟缓，直接影响写作教与学的质量。

2. 教学方法

英语写作教学系统性不足还体现在教学方法上。所谓方法，就是一种对活动程序或准则的规定，是一种能够指导人们按照一定的程式、规则展开行动的活动模式。系统性是英语写作教学方法的内在规定，是有效运用教学方法的重要基础。离开了系统，教学方法也就失去了意义和价值。这是因为，教学方法实际上是整个教学系统的一个子系统。它与教学目的、教学内容以及师生间的互动均联系密切。没有明确的教学目的，写作教学就会迷失方向；而脱离了教学内容，教学方法也就毫无意义；缺少了师生之间的互动性和双边性，教学方法也就没有了价值。因此，不同的教学目的、内容、师生关系应该对应不同的写作教学方法及其运作。在不同的内外条件下，写作教学方法的系统运作会呈现出不同的水平和层次。因此，英语写作教学方法的运作必须根据教学系统中的各项组成部分来进行，否则就会造成种种矛盾和冲突，影响写作教学的效率。而对照我国英语写作教学中所使用的教学方法可以看出，这些方法大多是无效的、失败的，因为它们大多不系统、不连贯，缺乏针对性。

3. 写作指导

写作指导思想是否系统对写作教学质量的好坏影响极大。写作技能和写作能力虽然需要通过大量的练习来获得，但多练不等于泛练。如果写作练习缺乏目的性，即使花费很多时间也是无用的。另外，从遣词造句到段落和篇章的生成，从撰写记叙文到撰写议论文，从构思、行文到修改，整个写作是一个由浅入深的系统操作过程。因此，教师对学生的指导也应具有系统性。然而，我国的英语写作教学大多缺乏这样一种系统性。教师教的时候以及学生写的时候都没有一个明确的目标，更没有一个长远的规划，而是跟着教材随机地教与学，这就大大降低了写作教学的效果。

（二）重形式、轻过程和内容

长期以来，我国英语写作教学一直存在重形式、轻过程和内容的问题。导致这一问题产生的原因如下。

1. 欠缺英语思维

在英语写作教学中，教师往往强调学生要用英语思维来写作，避免使用中式英语，然而要做到这一点很难。毕竟对中国学生来说，英语是一种外语，汉语才是母语，学生的汉语思维已经根深蒂固，要想使英语思维成为习惯是极为不易的。

另外，很多人认为，在英语写作中侧重语言形式的作用是必然的。所以，在英语写作教学中，重视文句的规范性与文章结构，忽视文章的内容和思想的现象仍然大量存在。部分教师也将文章结构和语言形式看作写作教学的主要内容。而初学写作的学生更是将学会把握文章结构和形式视为写作学习的终极目标。这些最终都使写作的教与学流于形式，很难触及写作的核心。

2. 受历史传统影响

在早期的英语写作中，为了快速写出一篇符合要求的英语文章，人们常常模仿类似文章的语言形式和结构来写作。久而久之，教师和学生都将形式当成了英语写作的重点，而忽视了写作的过程和内容，因此写作变成了一种模仿，而非创造。事实上，内容和过程对于写作来说也是很重要的。一篇好的文章应该具有丰富、深刻的内容，而这些内容仅仅靠对形式的模仿是无法实现的。语言的形式和文章的结构仅是作者表达思想和情感的一种手段。把握文章的结构和形式固然重要，但如果过分强调它们的作用就并非好事。因为文章的思想和观点是写作和写作教学的根源，而文章结构和语言形式则是写作和写作教学的支流，如果根源得不到保证，支流显然就失去了存在的基础。因此，英语写作教学必须处理好源与流、本与末、主与次的关系，在注重写作形式教学的同时还要重视写作内容教学以及对学生写作能力的培养。

（三）教与学相互颠倒

写作教学也并非一种知识性课程，学生的写作技能无法靠教师的讲解来获得，其原因如下：①写作是一种实践性活动，涉及写作的技巧和能力。因此，写作教学应该以学生的实践和操练为主，以教师的知识传授为辅。②写作教学的目的在于提高学生的写作能力，因此写作应该是一种学生个体的活动，从构思、写作到修改，都应该体现学生的主动参与，教师过多的讲解只会耽误学生的写作时间，进而影响学生写作的积极性和主动性。

然而，我国英语写作教学一直存在教与学相互颠倒的现象，主要体现在以下两个方面：①写作教学中仍存在教师大量讲解理论知识的问题，使学生，尤其是初学写作的学生，很容易觉得写作枯燥、无用，从而产生厌倦、畏难等情绪，丧失对写作的兴趣，最终影响英语写作教学目标的实现。②教师常以自己的写作经验为基础来指导学生写作，常对学生使用一些不恰当的话语指令或规则，剥夺了学生的话语权，限制了学生的独立思考，简化了学生心理体验，遏制了学生写作过程中的创造性，使他们产生盲从的心理。这显然颠倒了写作教学中的师生地位，而且也很容易使学生在构思行文和情感体验上出现雷同现象，写作创造能力得不到真正的提高。

（四）批改方法缺乏有效性

作文批改的方式方法也是写作教学中存在的一个显著问题。很多教师在批改作文时，重点仍然放在纠正拼写、词汇以及语法等方面的错误上，而忽略了对学生在写作过程中的思维能力的培养，这使学生过分在意写作时的语言正误，而忽视了对文章结构、逻辑层次的把握。

另外，教师对学生作文的批语也同样重要。有的教师一味指责学生写作中的错误，而缺少鼓励，这会制约学生写作的主动性，导致他们消极应付、望而生畏，对自己写作中出现的错误不能很好地改正。

三、写作教学环境有待改善

（一）课程设置不合理

在英语教学中，因课时有限，在每单元的课文讲解、听力理解、阅读理解等环节耗时过多，留给写作教学的时间就少之又少，进而导致写作变成了可有可无的教学内容。另外，由于一些学校并没有设置专门的写作课程，所以写作教学的效果自然得不到保障。尽管当前的英语教材均有对应的“听、说、读”等配套练习，但却少有“写”的练习材料。虽然每一个单元均有专项写作练习，但它们多是被动性的，配套教材的短缺使写作技能训练非常零碎，不够连贯。在这种情况下，加之课时得不到保证，学生的写作水平显然是难以得到提升的。

（二）教学方法陈旧

在传统的教学模式中，英语教学过分注重对词汇、语法等知识点的讲解，却很少涉及语篇的结构以及语篇的内容分析等。这就导致学生虽然知道很多的词汇和语法知识，但在语言表达时却不尽如人意。学生在写作中经常出现无话可说，或者语言空泛没有内容的问题，这都是因为教学方法过于陈旧，无法适应现在社会对英语人才的需求。当学生完成一篇写作后，教师一般只对学生的写作内容中的语法知识进行讲解，并不会针对其构思和语篇结构等进行评价，这也是导致学生写作能力差的一个重要原因。教师在写作教学中与学生的互动较少，对学生的有效性指导也很少，久而久之，学生就对写作失去了兴趣，写作能力的提高也无从谈起。

（三）批改方法不够科学、系统

在英语教学中，一些教师的批改方法缺乏科学性和系统性。学生交上了作文之后，教师经常忽视学生在整个写作过程中思维能力的展现，将批改的重点放在纠正拼写、词汇以及语法等方面的错误上，甚至一些教师不给学生独立写作的机会，而是一味地要求他们抄写范文和背诵范文。这种批改方式使学生成了被动的接受者，所以学生很难主动地认识并改正自己的错误，进而出现了教师反复改、学生反复错的局面，导致学生对写作消极应对甚至望而生畏，写作水平难以提升。

（四）应试倾向明显

学生写作能力较差，这不仅是教师的教学方法不够科学、系统造成的，还受到我国应试教育制度的影响。当前我国的考试制度对写作的考核很少，写作考核的分值在总体分值中所占比重较小。写作考核的试题通常都是命题式作文，这就使得很多学生的作文构思千篇一律，文章结构也很类似，普遍采用"三段式"结构。这样不利于学生创新思维的形成，也不利于学生克服母语对英语写作的影响。

（五）教学改革较为滞后

随着新课改的全面推进和不断深入，英语教师对新课改下的写作教学有了新的认识，但在实际的英语教学过程中，写作教学的改革相对较为滞后。有不少教师不注重对学生英语思维能力多方位、多角度的训练，也不使用各种方法训练学生英语思维的发散性、创造性、广阔性与深刻性。事实上，英语教学是一项整体的工程，写作教学与口语教学、阅读教学以及其他形式的教学之间是互动互补和彼此关联的整体。但在当前的英语教学过程中，教师并没有将写作教学放在这个整体的项目中，这就造成了学生为写作而写作的现象。

第二节　写的教学着重注意点

写跟说一样，是一种表达能力，只是写时不是用口而是用笔罢了。从英语学习的角度来讲，写又是训练思维能力，巩固、深化语言知识的必要手段。

写与思维的关系，跟说与思维的关系一样，也是对所听、所读的材料进行筛选和重组的思维梳理过程。没有经过本人思维的"写"是不知所云的乱"写"，因而，从本质上讲，写英语作文是"用英语思维"与"写作具体技巧"的结合。

一、写的心理活动

掌握英语写作的心理机制，对于提高英语写作教学的效果有重要意义。一般来说，作者在英语写作过程中，会有如下四种心理活动。

（一）从视觉到运动觉

从视觉到运动觉是英语写作最基本的心理机制，视觉活动属于书写训练的起点。具体地说，学生通过观看书上、黑板上的书写示范，会在大脑中形成明晰的英文字母形象。学生形成的视觉形象越清楚、越深刻、越正确，其在之后的模仿就会越顺利、越准确、越迅速。可见，书写是一个由观察到临摹、由临摹到自主、由自主到熟练的过程。虽然模仿是动觉性的，但其与视觉有着密不可分的联系。

（二）书写技巧动型化

书写技巧动型化即在书写过程中一个动作紧接着另一个动作，使一个基本单位的书写动作达到自动化。可见，书写技巧的动型化其实就是高度的熟练化。随着熟练程度的提高，书写单位应该从单词逐渐扩大到短语、分句和句子，这不但可以加快写的速度，还可以提高学习效率。

为使学生掌握动型化的书写技巧，教师应通过多种方式引导学生展开练习，不但要经常在纸上练书写，而且要习惯于在脑子里练书写，做到心手合一。

（三）联想性的构思能力

联想性的构思是写作心理活动的核心，指人对种属关系、因果关系、空间关系、时间关系以及层次关系等各个事物之间的相互联系以及相互关系的认识。英语是思维的工具，学生要将英语作为思维工具来使用，以便更好地将英语作为交际工具来用。而将英语作为交际工具来用最关键的一步，就是发展和养成英语的联想习惯，例如，由 family 联想到 father、mother、brother、sister 等。

联想性的构思能力发展得越好，学生对英语上下文关联性的理解就越好。因此，教师应重视对学生联想性构思能力的培养，这既可以提高学生的英语写作能力，又可以提高学生的思维能力。

（四）演进式的表达技能

演进式的表达技能是联想性的构思能力的具体表现，其能将定式思维、层次想象、系统回忆和连贯言语融为一体，不但可以使学生的写作有条理性，而且也能提高写作的速度。例如，以“I like to draw”为题写作文，其演进如下：“I am a middle school student. I like to draw. I draw mountains, rivers, trees and birds. Now I am drawing a tree. Look！ I have drawn it. There are leaves and flowers on it. The leaves are green. The flowers are red. They are very beautiful.”。演进式的表达技能可以直接促进学生的推理能力、汉语表达能力以及对其他学科内容的理解。

二、写作步骤

根据写文章的一般步骤，考虑到所给时间和其他客观条件的限制，再结合考试中一些写作题的特点，笔者把写作步骤概括为四步：审题；构思；写初稿；修改、誊清。

（一）审题

审题时，应首先根据题目和要写的内容判定文章体裁应该是记叙文、说明文、描写文还是应用文。许多考试中的写作题属于“指导性写作（guided writing）”，即题目已指明要写的内容。同时，还要根据文章的体裁及交际场合、交际对象选用恰当的语言使用域，以使表达得体。要避免在非正式场合使用很正式的语言，或在正式场合用语太随便。另外，审题时还要注意题目中的其他要求，如字数要求等。

（二）构思

构思的过程，就是考虑如何把表现主题所需要的题材组织成层次清楚、逻辑性强、连贯及前后照应的短文框架。在构思中，要根据题目要求列出一个简明扼要的提纲。列提纲可以用句子，也可以用词组，但前后要一致，即都用句子或都用词组。实际上，提纲中的完整句子就是各段落的主题句。若再细分，就要考虑支持主题句的细节内容了。

（三）写初稿

这是写文章最重要的一步。构句方法、段落结构、段落发展方法及各种体裁文章的写法都在写初稿时得以运用。写初稿要一气呵成，以保证思想表达的完整和连贯。中间碰到的语言上的一些问题，可暂时不管，留待定稿时再改。写初稿的过程中可随时对提纲进行修改，并且还要注意段与段之间的衔接。

（四）修改、誊清

无论时间多么紧，这一步都不可少。因为在写初稿时，注意力主要集中在内容上，而对语言上的问题注意较少。修改时，要从头至尾通读，全面检查是否有语言错误，如主谓是否一致；动词时态、语态是否有误；动词非谓语形式是否正确；句型是否正确；名词单、复数是否正确；是否有汉语式英语；词序是否得当；有无不完整的句子；单词拼写是否有误；标点符号、大小写是否有误等。同时，还要注意看表达是否准确、是否符合逻辑、是否连贯等。对于内容上的问题，也要随时修改，必要时删除或增加一些内容都是正常的，但要做到书写规范、卷面清洁。

三、关于写作指导和"指导性写作"

英语写的教学的含义不只是"写作"，它包括刚开始学英语时的字母书写及以后种种属于写的内容，如写便条、写请假条、写申请书、写日记、写信、写短文等。

学生的写作应当从写句子开始。教师要督促学生养成用所学词语造句的好习惯。先从模仿做起，然后联系实际，写出有交际意义的句子。

以后便是循序渐进的"指导性写作"。所谓"指导性"大致有三方面的内容：①给题目；②规定要写的内容；③规定字数以及给出其他要求。

学生要养成坚持用英语记日记的好习惯。刚开始不必写得很长，更不要追求文采，能写几句写几句，尽量把学到的词语、句式用上。要从听、读中汲取营养，养成用所学的语言知识监控表达的习惯。有些学生在书面表达中常出的错误在单项填空中却很少出现，就是因为缺乏这种监控意识和能力。

第三节　大学英语写作教学的内容与目标

一、大学英语写作教学的内容

（一）结构

1. 谋篇布局

在写作之前首先要谋篇布局。谋篇布局作为写作的起点，对写作有着至关重要的作用。所谓谋篇布局，是指根据不同的题材、体裁来确定篇章以及段落的整体结构，并据此选择恰当的扩展模式，保证写作顺利地开展。就篇章结构而言，大体结构：引段—支撑段—结论段；就段落结构而言，大体结构：主题句—扩展句—结论句。但是谋篇布局并不是固定不变的，当题材和体裁不同时，文章的谋篇布局也会随之变化。

2. 完整统一

完整统一指的是文章中所有的细节如事实、原因、例子等都要围绕主题陈述和展开，所有的信息都要与主题相关，而所有脱离主题的信息都要删除，以保持文章段落的完整性。完整统一是评价文章优劣的重要标准之一，所以在教学过程中，教师有必要对学生进行这方面的训练。教师可以为学生设计专项练习，如设计含有不相关的段落，组织学生修改等，以增强学生这方面的意识。

3. 和谐连贯

和谐连贯是一篇优秀文章必须具备的因素。在写作过程中，学生要注意文章的连贯性和逻辑性，保证句子与句子之间紧密相连，内容之间衔接流畅，段落与段落之间环环相扣，使整篇文章流畅自然、和谐统一。英语中保证文章连贯统一的重要方法就是使用恰当的连接词和过渡词。

用于表示并列：and、also、or、likewise 等。

用于表示转折：but、however、nevertheless、while、yet 等。

用于表示让步：although、in spite of、despite 等。

用于表示相反：on the contrary、conversely 等。

用于表示比较：similarly、equal、in the same way 等。

用于表示举例或解释：for example、for instance、such as、in other words、that is、in fact 等。

用于表示进一步关系：furthermore、moreover、what is more、besides、in addition 等。

用于表示因果：accordingly、as a result、consequently、as、since、so、thus、because、for、for this reason 等。

用于表示结果或总结：therefore、as a result、and so、finally、to sum up、in conclusion、in short、in a word 等。

用于表示空间和方向：here、there、next to、beside、near、nearby、along、as far as、to the left（right）、in front of、at the back、in the middle、under、above 等。

用于表示时间或步骤：after、often、next、 afterwards、before、finally、

first、last、now、second、third、firstly、secondly、thirdly、later、later on、still、then、at that time、meanwhile、when 等。

（二）句式

句式也是英语写作教学的重要内容。英语句式纷繁复杂，常见的有强调、倒装、省略等，而且每一种句式又有不同的形式。掌握形式多样的句式对于写好文章十分有利，所以让学生加强句式练习是很有必要的。在英语写作教学中，教师可以以“示范”和“讨论”的方式让学生进行练习，促使学生掌握多而正确的表达方式，以使学生写出更加精彩的文章。

（三）选词

词汇通常有两层含义，一个是表层的，一个是深层的。如果对词汇了解不够深刻，不能选用恰当的词汇，将会严重影响写作的效果，所以选词也就成了英语写作教学的重要内容之一。选词与个人爱好有关，是个人风格的体现。在选择词汇时应该考虑到语域的因素，如褒义词与贬义词的选择、具体词与概括词的选择、正式词与非正式词的选择、形象词的选择以及拟声的选择等。

（四）拼写和符号

拼写和符号也是英语写作教学不可忽视的方面。如果没有了拼写与符号，文章的逻辑结构就不能体现出来，文章就会一片混乱。拼写和符号均属于学生的基础知识范畴，具体体现为单词的拼写和标点符号的使用是否正确，尽管是一些细节上的问题，但对英语文章的整体质量有着重要影响。

二、大学英语写作教学的目标

《大学英语课程教学要求》对大学英语写作教学提出了不同层次的要求，具体如下。

（一）一般要求

①学生能掌握基本的写作技能。

②学生能写常见的应用文。

③学生能描述个人经历、观感、情感和发生的事件等。

④学生能在30分钟内完成不少于120词的一般性话题的短文，且中心明确、结构完整。

（二）较高要求

①学生能描述各种图表。

②学生能就一般性主题表达自己的观点。

③学生能写所学专业的概要。

④学生能写所学专业的英语小论文。

⑤学生能在30分钟内完成不少于160词的短文，且内容充实、条理清晰、语句简洁流畅。

（三）更高要求

①学生能以书面形式比较自如地表达个人的观点。

②学生能用英语撰写所学专业的简短报告和论文。

③学生能在30分钟内完成不少于200词的各类作文，且逻辑性强、观点明确。

第四节　大学英语写作教学的新方法

一、过程教学法

过程教学法于20世纪60年代兴起于美国，它是在认识论、信息论、控制论以及各种语言理论和教学法的综合影响下形成的一种写作教学方法。格拉夫指出，教师在英语写作教学过程中应帮助学生理解和内化写作的全部过程，使写作成为一种交际行为，而不应该仅是对结果的死板模仿。过程教学法就是一种注重写作的过程，力求营造一种教学氛围，将学生的需求置于师生交互学习的中心的有效的方法。此教学方法之所以力求营造一种教学氛围，主要有下面几个目的。

第一，使学生可以共享信息，相互帮助。

第二，促使学生敢于创新，并做出个性化选择。

第三，将写作视为一个过程，使学生认识到这个过程的开始就是第一稿。

第四，使学生与其他同学共同评估自己的文章，然后进行修改和完善。

一般来说，过程教学法主要包括如下几个环节。

（一）写前准备

学生要在教师的指导下审题，并通过小组讨论的方式搜集素材，然后构思内容列出提纲。

（二）撰写初稿

学生可以采用个性化的活动方式，独立撰写初稿。

（三）修改

这一环节主要在课堂上进行，一般采用学生互评和教师抽样点评相结合的方式进行。

（四）撰写第二稿

这一环节是对初稿的再加工过程，即学生根据上一阶段中发现的问题来进一步完善自己的写作，写出第二稿。

（五）教师批改评讲

在这一环节中，教师对学生的作品进行检查和批改，目的是让学生充分了解自己写作中的问题以及写作的过程，激发学生的写作兴趣，拓展学生的写作思维。

二、策略教学法

在英语写作过程中，学生可以采取一系列的策略，以使自己顺利地完成写作。下面就来介绍一些常用的写作策略。

（一）选题构思策略

在写作开始之前，作者首先需要进行选题构思。下面就是几种常见的构思策略。

1. 自由写作式

自由写作式的构思是指在看到文章题目之后，大脑便开始思考，然后将大脑中形成的所有观点和信息记录下来并进行筛选，从中选取自己认为有用的信息，删去多余的信息。这种构思方式不受限制，写作思路可以完全打开，且写作的框架也会随之形成。

2. 思绪成串式

思绪成串式的构思是指作者先将所要写的主题写在纸的中间，并画一个圆圈，然后将所想到的与主题相关的词都写出来，分别画上圆圈，最后将这些关键词进行总结并确定写作思路。

3. 五官启发式

五官启发式的构思是指将主题与视觉、听觉、嗅觉、触觉等几个方面联系起来进行思考，搜寻与题目相关的材料。当然，在具体的写作过程中，作者没必要将视觉、听觉、嗅觉、触觉等方面全部都考虑到，可依据实际情况进行选择。

（二）开篇策略

文章开头的好与坏，影响着读者是否有要继续读下去的欲望。文章开头是最引人注意的一个部分，所以如果有一个精彩的开头，那么文章就能很容易吸引读者的注意力，所以在开篇时也要注意运用一些有效策略，以使文章更加出彩。常见的开篇方式有以下几种。

第一，开门见山。

第二，描写导入。

第三，下定义。下定义就是在文章的开头给出必要的解释说明，以帮助读者理解。

第四，以故事引入。

（三）段落展开策略

关于段落的展开，以下具体介绍四种常见的方式。

1. 按时间展开

这种段落展开方式多用于记叙文中。

2. 按空间展开

按空间展开段落的方式常用来描述景物或地点。

3. 按过程展开

按过程展开段落的方式多用于记叙文中。

4. 按分类展开

按分类展开是指将要说明的事物按照其特点进行分类，然后逐一进行说明。该方式常用于说明文中。

（四）结尾策略

结尾部分同样至关重要，一个好的结尾不仅能吸引读者的注意力，还能起到画龙点睛、增色添彩的作用。

1. 总结式结尾

总结式结尾就是在文章的结尾处对全文进行总结概括，以揭示主题，加深读者的印象。

2. 展望式结尾

展望式结尾就是在文章结尾处表达对将来的期望。

3. 建议式结尾

建议式结尾是指根据上文中论述的问题，在文章结尾处提出建议或解决方法。

（五）修改策略

初稿完成之后，还必须对初稿进行加工润色，即修改，以使文章更加完整。文章的修改可从以下三方面入手。

1. 主题方面

主题是文章的关键，其他方面写得再好，如果主题有所偏离，也不能称得上是好的文章。在检查主题方面的错误时，可从以下几个方面入手。

①检查主题是否完整统一。

②检查文章是否符合题目要求。

③检查主题句是否清晰。

④检查文章内容是否与主题紧密相关。

⑤检查语气是否一致、时态是否恰当。

2. 段落方面

在检查段落方面的问题时，可从以下几个方面入手。

①检查段落的展开是否流畅。

②检查段落材料是否充实。

③检查段落之间是否连贯。

④检查过渡词的运用是否恰当。

3. 语法方面

语法错误是学生写作中最容易出现的错误，所以对于这方面的错误要仔细检查。通常可以从以下几个方面着手。

①检查句意表达是否清楚

②检查句子是否有语法错误。

③检查标点符号是否正确。

④检查拼写是否正确。

三、平行写作教学法

平行写作教学法是指在学生开始写作之前，教师要先给出范文，并就所写题目为学生提供必要的提示信息。学生主要根据教师的提示完成写作。

四、网络辅助写作教学法

20 世纪 90 年代以来，计算机网络与多媒体技术的发展为我们解决英语写作教学的诸多难题提供了条件。多媒体和网络具有资源丰富、情景真实、灵活自如、不受时空限制的特点，通过多媒体和网络，学生可以接触到地道的英语，从更广的范围了解英语文化以及英语文化与汉语文化的不同。

网络辅助英语写作教学就是借助网络技术和网络资源，以学生为中心，使学生在教师的指导与监控下发挥其积极性与主动性，就某一主题上网搜索和收集信息。教师的工作主要是布置任务、检查任务完成情况、反馈并评价学生的作业、组织学生之间的交流。

五、大学英语写作教学实践

（一）“以读促写”写作教学实践

1. 教学任务

阅读文章，写一篇关于如何节约和保护水资源的作文。

2. 教学目的

通过阅读输入相关的语言材料，引导学生利用一定的写作策略对材料进行加工，充分挖掘所给文本中的有效信息，为写作做好准备。

分析：该实践结合了中国社会的热点话题，即针对如何节约和保护水资源设计了一系列的读写活动。通过阅读，学生可以在整体上把握文章的结构、写作的思路以及语言组织的方式。这种以读促写、听说结合的策略不仅可以训练学生多元化的能力，还使学生的各项能力互相影响、互相渗透、互相促进。写作能力的提高是一个长期的过程，如何在日常的教学过程中充分利用教学资源来提升学生的写作能力，将是我们今后需要不断探索的问题。

（二）“话题式”写作教学实践

1. 教学任务

写一篇关于友谊（friendship）的作文。

2. 教学目的

根据任务原则，通过各种总结性练习任务来提高学生对文章整体的感知力，从而增进理解，提高实际写作水平。

分析：该教学案例属于话题式写作教学实践，所选取的话题与学生生活和知识的契合能够使学生感受到英语的实用性，从而更加乐意学习英语、学习写作。本次教学实践选择了与学生生活联系最为紧密的“友谊”这一话题，因而更容易激发学生参与的积极性，学生有实事可写就会有话可说。另外，本次教学实践中不同层次的任务的设计能够引导学生从单词到句子再到语篇的课堂动态生成，从而帮助学生逐步丰富写作素材。而仿写和学生相互批阅的环节则增加了学生多方位接触写作的机会，增进了学生的写作体验。

第五节　多元文化视域下的英语写作教学改革

一、英汉写作中的文化差异

汉语与英语是两种截然不同的语言符号系统，中国学生在学习英语时因受汉语的影响，习惯用汉语思维。无论从词法、句法、篇章结构上还是从思维模式上，他们的作文都难免带有汉语思维的痕迹。

（一）词法方面

每一种语言的词汇都可以反映使用这种语言的民族的社会面貌、制度和习俗等。如果不了解该语言所处的特定文化背景，就难以理解词汇的准确意义。另外，英语中有些词类的划分与汉语也有所不同。例如，英语中的名词分为可数名词和不可数名词，动词分为及物动词和不及物动词，形容词分为表语形容词和定语形容词。在英语的写作过程中，学生应该特别注意英语词汇的特征。

1. 词汇的虚实

汉语思维是整体、综合的，而英语思维是分析、独特的。这种思维差异表现在语言上：汉语往往偏好种概念的词，即泛指，用词概括而模糊；而英语偏好属概念的词，即特指，用词具体而细腻。

2. 词性的差异

汉语对词性的界定相对宽松，词语的词性往往在句子中才会彰显。如果单独呈现，则难以判断其词性。而英语大部分词在放入句子之前一般都有较明确的词性。由于受汉语的影响，中国学生对英语词语的词性把握缺乏严谨性，在用英语写作时只注意词语的意义而忽视了其词性，结果导致了许多语言错误。例如：

Many people against the plan.（将介词 against 误用为动词）

I'm regret to inform you that the sports meeting has been canceled.（将动词 regret 误用为形容词）

3. 词语的搭配

由于文化背景不同，英汉词语搭配存在一定的差异。比如，汉语中某些词语在不同的语境中会有不同的英语表达方式，而且这些表达方式是约定俗成的，如果忽略了这种差异就会出现语言错误。

比如，许多学生习惯把“学习知识”说成 learn knowledge，这显然是错误的，正确的表达应该为 acquire knowledge。如果按照汉语的习惯来构建英语表达就会出现搭配不当的语言错误。

4. 词义的文化差异

中西文化背景以及思维方式的差异导致英汉两种语言所包含的文化内涵也存在差异。例如，龙（dragon）在中国人眼里是吉祥的象征，而在西方却象征邪恶。若将“望子成龙”译为“to hope one's son will become a dragon”，西方人会感到奇怪。若译为“to hope one's son a bright future”，西方人可以获得与汉语读者相近的或相同的理解。

（二）句法方面

英语与汉语在句子结构方面最基本的差异：汉语句子重意合，英语句子重形合；汉语句法关系主要靠词序和语义关系表达，并不追求形式上的完整，往往只求达意，英语句法重句子结构形式上的完整和逻辑上的合理。具体来讲，英语中有语态、时态、人称和数等多种形态变化，英语句子一般都有一个明确的逻辑中心，不论句子中的附加成分多么复杂，总与中心的成分保持清楚的逻辑关系，从而形成了以主谓宾结构为核心，用各种从句、短语进行修饰和扩展的句法结构。

1. 句子的词序

词序是指单词在句子中的排列顺序。汉语和英语都有严格的词序要求，但两种语言在结构上有所不同，在词序方面也存在差异。具体来说，汉语的词序排列是由远及近、由大到小、由重到轻、由普通到特殊、由主观到客观、由整体到个体的，而英语则恰恰相反。因此，不少中国学生在写作时会出现词序错误。

例如：我还记得发生在我和他之间的一切事情。

（误）I still remember everything that happened to me and him.

（正）I still remember everything that happened to him and me.

（析）这一例子的错误是汉英词序不同的典型反映。汉语里一切从“我”开始，而英语则恰恰相反，“我”永远在最后。

2. 句子的时态

不同的语言有不同的时态，有的语言很少甚至没有时态。汉语基本上就是借助词语来表示各种时间和动作的。汉语中除了“着”“了”“过”的若干说法与英语中的进行时、完成时、过去时相对应外，再无其他与英语相对应的时态形式。英语不仅有时态，而且种类繁多（共有 16 种时态）、区分细微。英语通过这些时态将事物的状态或动作进行的过程描写得准确而精细，有时甚至能用时态表达说话人的感情色彩。

例如：You are always asking me such questions!

译文：你怎么老问我这样的问题！（用现在进行时表示厌烦）

3. 句子的语态

汉语中被动语态极少使用，即使使用也大多表达一些对主语而言是不如意的或不希望发生的事情，如“被打”“受罚”“挨批”等。但是，英语中被动语态使用的频率较高，尤其是在科技英语文献和英语新闻报道中。另外，汉语中如果不强调动作的执行者，且主动意义和被动意义不至于发生混淆时，一般不使用被动语态。而英语中只要具有被动意义的句子一般都要使用被动语态。汉语和英语在语态使用上的差异经常导致学生犯语态方面的错误。例如：

（误）This book is his father gave him.

（正）This book was given by his father.

4. 句子的结构

中式英语还经常表现在句子主语的选择上。一般来说，汉语句子主语可以很长，而英语句子主语则应尽可能简洁，以使句子结构保持平衡。中国学生因忽略这一差异而经常出现错误。

例如：明天天黑前能否找到帮手并完成工作是我们必须要面对的问题。

（中式）Whether we can find helpers and finish the work by tomorrow evening is the problem we have to face.

（英式）The problem we have to face is whether we can find helpers and finish the work by tomorrow evening.

5. 句子的衔接

英语句式具有多变性，而汉语句式则较为固定。英语的句子常以主谓宾结构为核心，用各种连词、短语和从句进行修饰、扩展，句子结构复杂，但读起来形象、生动。由于受汉语句式的影响，中国学生在英语写作中往往会使用一连串简单句或句式雷同的复合句，造成句式单一，读起来单调、乏味。

例如：社会发展很快，学生了解外面的世界很重要。

（误）It is important for the students to know the world outside the campus. Because now the society is developing quickly.

（正）With the fast development of the society, it is important for the students to know the world outside the campus.

（三）语篇方面

英语民族崇尚理性，重视形式逻辑和分析思维，他们的思维方式可形象地称为直进式。而中国人重悟性，注意辩证思维，其思维方式是螺旋式的。反映在写作上，英语写作强调结构清晰、篇章连贯、逻辑性强，要求开门见山。英语文章常常把主题放到句首，且每段只有一个主题，然后围绕这个明确的主题用扩展句进行层层论证或说明。而汉语文章受到中国传统文化和思维的影响，开篇一般不点题，而是经过反复论证后才将最重要的信息呈现出来。这种由于思维方式不同而导致的语篇差异使学生写的英语作文前后不一致、层次不清、逻辑性差，缺乏必要的过渡和连贯性。请看下例：

We haven’t got time for sports or movies. We don’t have enough time to read after class. The teachers give us too many exercises and we are busy finishing the homework when class is over. We have no method. The teachers can change the situation...

从写作角度来看，这段文字除了句式缺少变化、句与句之间缺乏衔接外，整个语篇的信息分布以及展开方式也与英语的行文习惯不符。

二、文化差异对写作的影响

学习和使用英语必须了解与英语密切相关的文化以及中西方之间的文化差异。下面仅从汉英两种语言在措辞、造句、文体三个方面的区别来探讨中西方文化差异对大学生英语写作的影响。

（一）措辞

同一个事物或概念，在某些语言中可能只有一个词语来表达，而在另一种语言中可能有几个或更多的词语来表达。

中西两种文化背景的人在进行交际时，有时会产生理解的困难。比如，英语中“Mary’s sister married David’s brother.”这句话就很难翻译成汉语，因为我们不知道 sister 是指 Mary 的姐姐还是妹妹，brother 是指 David 的哥哥还是弟弟。其实在汉语中，用这种称呼来指各种具体的关系的词语有很多，在这就不一一列举了。但从这个例子中我们知道，对中国学生来说，要想进行英语写作，并提高英语写作能力，首先要在用词上多下功夫。可以说，用词准确是英语写作的基本功，因为词汇是语言的基本要素，是语言赖以生存的基础，所以文化差异在词汇方面表现得最为突出。例如，人们往往认为汉语中的“请”相当于英语中的“please”。但是在英语的实际应用情况中不是这样的，比如让其他人先上车，实际上不说“Please”，而是说“After you”；再比如，当请他人一块用餐的时候，在餐桌上可能说“Help yourself”，而不是简单的一个词“Please”。所以用词准确是写作的基础，而用词的技巧又是提高写作质量的关键所在。

词汇所表达的意思是由它的内涵（denotation）和外延（connotation）构成的。而成语、谚语和格言是一个社会的语言与文化的重要组成部分，尤其是成语，不仅很难理解，更主要的是很难运用得当。如果运用得不好或者错误，就会让人产生误解，甚至造成对方的不快。比如在邓炎昌和刘润清所编的《语言与文化——英汉语言文化对比》中有这样一个例子：一个在美国学习的学生坐在窗前看书。她听到有人在喊“Look out！”（当心！），她以为人家说“往外看”呢，就把头伸到窗外去看。结果上面掉下一块板子，差点儿砸到她。她又生气，又害怕，往上一看，见一个人正在修屋顶。那个人说：“Didn’t you hear me call ‘look out’?”（你有没有听见我喊“当心”吗？）她回答说：“Yes, and that’s what I did.”（听见了呀，所以我才向外看。）

再者，英语的词语与汉语的词语尽管在分类上有相同之处，但从词的功能角度分析又与汉语的词语存在着不同之处。例如：

I am sitting in a local restaurant offering takeout home-style meals, surrounded by exhausted but happy shoppers, families out for Friday night dinner, and students taking a break from college exams.

译文：我坐在邻近的一家餐馆里，该餐馆提供具有家庭风味的外卖饭菜，并且挤满了人，有疲惫且快乐的购物者，有周末夜晚就餐的一家人，还有考完试休息一下以便再战的大学生们。

汉语句子中动词用得很多，像“坐”“提供”“挤满”“购物”“就餐”“考试”“休息”“再战”等一系列动词形成了动态现象，构成了独特的汉语写作方式。而英语句子中名词用得很多，形成了静态现象，体现了英语写作的严密性和庄重性。所以，在英语写作中，如果学生能注意到中英文在用词方面的差异，灵活运用所要表达的词语，就会对其英文写作有很大的帮助。

（二）造句

英语句式多为句尾开放的树式结构，语义重心在前；汉语句式为句首开放的竹式结构，语义重心在后。西方人惯于开门见山，往往采用主句在前、从句在后的语序。中国人惯于先介绍外围信息进行铺垫，再层层逼近主题，倾向于偏句在前、正句在后。比如：“能在有生之年，为国家做些事，乃是我最大的愿望和追求。”，其译文是“The wish and pursuit of my life is to do something for my country.”。

再者，英汉句子中，成分与成分或分句与分句之间的连接方式是不同的。英语句子多靠形合，以形统神，非常注重句子的结构完整，外在逻辑形式严谨规范，句间连接依赖于各种语言形态手段，因而句子显得紧凑有序，其关联照应手段是显性的。汉语句子多靠意合和悟性，句间连接主要靠语义和内在的逻辑关系，连接标记的有无关系不大，这样句子的形态就会显得很松散，其关联照应手段是隐性的。例如：

①太阳光催开了那些小指儿模样的嫩叶，现在都有小小的手掌那么大了。

译文：The rays of the sun forced to open the tender, finger-like little buds. They had already grown to the size of a small hand.

②坚持干下去，你一定会成功。

译文：You’re sure to succeed as long as you keep at it.

由此可见，英语句子能够形成紧凑严密的树型结构，是因为各种连接词起到了黏合剂的作用。汉语句子的线型结构灵活流畅，是因为没有过多的“黏合剂”，句段之间可以不用任何连接符号，而靠语义上的联系结合在一起。据此，我们可以把一个英语句子比作一棵大树，主谓好比是树干，而各种附加和连带成分就好比是树干上的枝丫，句子成分的复杂化则如同树上的树枝和树叶。中国学生未熟练掌握英语句法的内在规律时，很难摆脱母语的思维定式，这无疑影响了他们英语写作的发挥。

（三）文体

首先应该指出，用汉语和英语写作有相同之处：深刻地了解主题，周密地考虑内容，慎重地选择材料，真诚而简洁地表达思想。尽管汉英写作具有相同的特征，但是二者之间也存在着一些差异。在叙述与描写时，与英语文体相比，汉语文体中常因过多使用形容词而显得矫揉造作。当然一篇好的文章里要有形容词，它们可以使文章生色、使人物栩栩如生。但是如果使用不当，效果则相反，会使读者失去兴趣，感到厌烦。英语文体则直截了当。下面就是选自托马斯·佩因《危机》中的一段文字：

These are the times that try men’s souls. The summer soldier and the sunshine patriot will, in this crisis, shrink from the service of their country, but he that stands it now, deserves the love and thanks of man and woman...

译文：这是触及人们灵魂的时刻，在这次危机中，那些和平盛世的士兵和处于安逸顺从环境的爱国者将畏缩不前，不为祖国效力；那些经得起考验的人将赢得人们的爱戴和感激……

三、多元文化对英语写作教学改革的启示

（一）文化导入

为了尽量减少汉语对学生英语写作的负面影响，在英语写作教学中，教师应鼓励学生通过多种渠道掌握中西方文化的差异以及这种差异带来的英汉写作上的不同，提高学生实际运用语言的能力。

中国学生的英语学习处于汉语文化环境中，他们的思维、表达、写作无不受到汉语文化的影响，这对学生了解和使用英语思维表达，写出地道的英语作文而言是十分不利的。因此，在英语写作教学中，教师可以利用图片、音频、视频等教学手段为学生创造有利的英语学习环境，让学生多了解英语文化背景；还可以安排学生和外籍教师、学者等沟通交流，让学生了解英语文化的方方面面。通过多种渠道的了解和接触，学生开阔了视野，加深了对英语的感知力，提高了英语使用能力，久而久之，就可以逐渐学会用英语思考、表达和写作，从而避免了中国式英语。

（二）英汉写作对比分析

文化差异使英汉语篇写作各具特色。对此，教师不妨有意识地剖析英汉语篇在遣词造句、文章结构等方面的差异，使学生了解这种差异，从而在写作时有意识地避免汉语思维的影响，写出更符合英语表达习惯和英语文化的作文。例如，在精读教学中，教师可通过细致地分析课文使学生了解和掌握各种题材和体裁的文章的写作技巧、注意事项，如课文是如何发展主题、组织段落、完成连贯的，帮助学生对正确的英语语篇结构形成立体的、综合的认识。

另外，教师在批改作文时应指出学生作文中不符合英语表达习惯的语句，并可将其和地道的表达方式加以对比，使学生更清楚地看到差别，并在不断的修改过程中逐渐学会用英语思维进行思考，形成正确的表达。

（三）读写结合

俗话说，“读书破万卷，下笔如有神”。由此可见，读和写有着密切的关系，读是写的基础。作为语言输入的一种方式，“读”能够为作为语言输出的“写”积累语言材料，不仅能够使学生知道写什么，还能使他们知道如何写。因此，在英语写作教学中，教师应让学生通过阅读大量题材广泛、体裁各异的英语材料来了解英语国家人士的思维方式、思想情感、价值观念、道德标准、社会文化、历史传统等各个方面，为英语写作积累素材、培养语感。此外，教师还可以让学生学习名家写作技巧和经验等。

需要指出的是，要想充分发挥读的作用，教师要让学生养成边读边做读书笔记、读书心得的良好习惯，从而为拓展思路、吸取经验、模仿写作做铺垫，这样学生才能更快、更有效地提高写作水平。

（四）仿写训练

中国学生在写英语作文的时候会不自觉地遵循中文思维，一边想汉语是如何说的，一边将其翻译成英文。这样近乎“汉译英”的写作模式不仅效率低下，还很难避免汉语思维和汉语表达习惯对英语写作的负迁移作用。为使学生摆脱这种机械、低效的写作模式的影响，在写作教学中，教师可引导学生仿写英文材料。仿写的英文材料既可以是教材里的课文，也可以是文学名著。仿写时允许学生使用词典等工具书。通过仿写，学生不仅能够积累一定的写作素材，还能清楚、快速地了解地道的英语语篇是如何开展的，从而培养良好的英语语感和写作习惯。

第七章　多元教学理论下大学英语教学改革

当前，大学英语教学改革工作有了明显的改善，但其中也存在一些不可忽视的问题，比如教学方式较为单调，片面注重英语知识传授而缺乏对于英语综合能力的培养，以及缺乏弹性、开放的英语学习活动，等等。教师在教学过程中，应当结合多种不同的教学理论，推动大学英语教学的发展，提升大学生的英语学习能力。

第一节　新课改背景下大学英语教学改革

所谓新课改就是指新一轮课程改革。随着社会的进步和高等教育的不断发展，实施课程教学改革，提升英语教学质量，是满足社会和国家对人才需求的重要措施。随着中国加入 WTO 和我国对外开放的不断深入，英语成为每一位大学生必须熟练掌握的一门语言。为适应新形势的发展，大学英语教学要进行新的改革，要提出大学英语课程的新目标和新要求，从而培养出符合社会发展的国际化人才。但是目前大学英语教学中仍然存在一些问题，不能适应新课改的要求，这就需要大学英语教师在教学方法上进行创新，探索有益于学生英语学习的新思路和新举措。

一、新课改背景下“教学”的新内涵

（一）教学是课程创生与开发的过程

本次教学改革是在课程改革的背景下进行的，是对课程改革的呼应。所以，教学与课程的关系是本次教学改革首先必须摆正和处理好的一对关系。在这对关系中，课程是矛盾的主要方面，课程观是主导因素。课程观决定教学观，并因此决定教学改革的深度和广度。当课程由专制走向民主，由封闭走向开放，由专家研制走向教师开发，由学科内容走向学生经验的时候，课程就不只是“文

本课程”（教学计划、教学大纲、教科书等文件），而更是“体验课程”（被教师与学生实实在在地体验到、感受到、领悟到、思考到的课程）。这意味着，课程的内容和意义在本质上并不是对所有人都相同的，在特定的教育情境中，每一位教师和学生对给定的内容都有其自身的理解，对给定内容的意义都有其自身的解读，据此对给定的内容不断进行变革与创新，以便使其不断转化为“自己的课程”。因此，教师和学生不是外在于课程的，而是课程的有机构成部分，是课程的创造者和主体，他们共同参与课程开发的过程。这样教学就不只是课程传递和执行的过程，而更是课程创生与开发的过程。因此，教学过程成为课程内容持续生成与转化、课程意义不断建构与提升的过程。教学与课程相互转化、相互促进，彼此有机地融为一体。

（二）教学是师生交往、积极互动、共同发展的过程

教学是教师的教与学生的学的统一，这种统一的实质是交往、互动。基于此，新课改把教学过程看作师生交往、积极互动、共同发展的过程。

在传统的教学中，教师负责教，学生负责学，教学就是教师对学生单向的“培养”活动，它表现为：以教为中心，学围绕教转；以教为基础，先教后学；教学只是教与学两方面的机械叠加。新课改强调，教学是教与学的交往、互动，师生双方相互交流沟通、相互启发补充，在这个过程中教师与学生分享彼此的思考、经验和知识，交流彼此的情感、体验与观念，丰富教学内容，求得新的发现，从而达成共识、共享、共进，实现教学相长和共同发展。交往昭示着教学不是教师教、学生学的机械相加，传统的严格意义上的教师教和学生学，将不断让位于师生互教互学，形成一个真正的“学习共同体”。

在这个共同体中，学生的教师和教师的学生不复存在，取而代之的是新的术语——教师式学生和学生式教师。教师不再仅仅去教，而且也通过对话被教，学生在被教的同时也在教，他们共同对整个成长负责。对教学而言，交往意味着人人参与，意味着平等对话，意味着合作性意义建构，它不仅是一种认识活动过程，更是一种人与人之间平等的精神交流。对学生而言，交往意味着主体性的凸显、个性的表现、创造性的解放。对教师而言，交往意味着上课不仅是传授知识，更是一起分享理解，共同学习；上课不是单向的付出，而是生命活动、专业成长和自我实现的过程。交往还意味着教师角色定位的转换：教师由教学中的主角转向“平等中的首席”，由传统的知识传授者转向现代的学生发展的促进者。

（三）教学既重结论更重过程

从教学角度来讲，所谓教学的结论，即教学所要达到的目的或所需获得的成果；所谓教学的过程，即为达到教学目的或获得所需结论而必须经历的活动程序。毋庸置疑，教学的重要目的之一，就是使学生理解和掌握正确的结论，所以教学必须重结论。但是如果不经过学生一系列的质疑、判断、比较、选择，以及相应的分析、概括、综合等认识活动，结论就难以获得，也难以真正理解和巩固。更重要的是，没有以多样性、丰富性为前提的教学过程，学生的创新精神和创新思维就不可能培养起来。所以，教学不仅要重结论，更要重过程。

重结论、轻过程的传统教学只是一种形式上走捷径的教学，它把形成结论的生动过程变成了单调刻板的条文背诵，它从源头上剥离了知识与智力的内在联系，排斥了学生的思考和个性，把教学过程庸俗化到无需智慧努力，只需听讲和记忆就能掌握知识的程度，于是便有了掌握知识却不思考知识、提问知识、评判知识、创新知识的“好学生”。这实际上是对学生智慧的扼杀和对学生个性的摧残。

现代教育心理学研究指出，学生的学习过程不仅是一个接受知识的过程，还是一个发现问题、分析问题、解决问题的过程。这个过程一方面是暴露学生的各种疑问、困难、障碍和矛盾的过程，另一方面是展示学生发展聪明才智、形成独特个性与创新成果的过程。因此，新课改强调过程，强调学生探索新知的经历和获得新知的体验。当然，强调探索过程，意味着学生要面临问题和困惑、挫折和失败，同时也意味着学生可能花了很多时间和精力结果却一无所获，但是，这是一个人的学习、生存、成长、发展、创造所必须经历的过程，也是一个人的能力、智慧发展的内在要求，它是一种难以言说的丰厚回报。

二、新课改背景下教师角色的转变

（一）新课改要求教师应该是学生学习的促进者

教师从过去仅作为知识的传授者这一核心角色中解放出来，促进以学习能力为重心的学生整体个性的和谐健康发展。教师成为学生学习的促进者，这是教师最明显、最直接、最富时代性的角色特征，是教师角色特征中的核心特征。其内涵主要包括以下两个方面。

1. 教师是学生学习能力的培养者

现代科学知识量多且发展快，教师要在短短的几年学校教育时间里把所教学科的全部知识传授给学生已不可能，教师作为知识的传授者的传统地位被动摇了。学生获得知识信息的渠道更加多样化了，教师在传授知识方面的职能也变得复杂化了，不再是只传授现成的教科书上的知识，而是要指导学生懂得如何获取自己所需要的知识，掌握获取知识的工具以及学会如何根据认识的需要去处理各种信息。总之，教师再也不能把传授知识作为自己的主要任务和目的，不能把主要精力放在检查学生对知识的掌握程度上，而应成为学生学习的激发者、辅导者、各种能力和积极个性的培养者，把教学的重心放在如何促进学生“学”上，从而真正实现“教是为了不教”。

2. 教师是学生人生的引路人

一方面要求教师不仅仅要向学生传播知识，而且要引导学生沿着正确的道路前进，并且在他们成长的道路上不断地设置不同的路标，引导他们向更高的目标前进。另一方面要求教师从过去作为“道德说教者”“道德偶像”的传统角色中解放出来，成为学生健康心理、健康品德的促进者和催化剂，引导学生学会自我调适、自我选择。

（二）新课改要求教师应该是教育教学的研究者

在英语教师的职业生涯中，传统的教学活动和研究活动是彼此分离的。教师的任务只是教学，研究被认为是专家们的“专利”。教师不仅鲜有从事教学研究的机会，而且即使有机会参与，也只能处于辅助的地位，配合专家、学者进行实验。教学与研究的脱节，对教师的进步和教学的发展是极其不利的，它不能适应新课改的要求。新课改所蕴含的新理念、新方法以及新课改实施过程中所出现和遇到的各种各样的新问题，都是过去的经验和理论难于解释和应对的。教师不能被动地等待着别人把研究成果送上门来，教师自己就应该是一个研究者，这意味着，教师要以研究者的心态置身于教学情境之中，以研究者的眼光审视和分析教学理论与教学实践中的各种问题，对自身的行为进行反思，对出现的问题进行探究，对积累的经验进行总结，使其形成规律性的认识。这实际上也就是新课改所倡导的“行动研究”，它是为行动而进行的研究，即不是脱离教师的教学而是为解决教学中的问题而进行的研究。“行动研究”把教学与研究有机地融为一体，是教师由“教书匠”转变为“教育家”的前提条件，是教师持续进步的基础，是教师提高教学水平的关键，是创造性实施新课改的保证。

（三）新课改要求教师应该是课程的建设者和开发者

新课改倡导民主、开放、科学的课程理念，同时确立了国家课程、地方课程、校本课程三级课程管理政策，这就要求课程必须与教学相互整合，教师必须在课程改革中发挥主体性作用。教师不能只成为课程实施过程中的执行者，更应成为课程的建设者和开发者。为此，教师要形成强烈的课程意识和参与意识，改变以往学科本位论的观念和消极被动执行的做法；教师要了解和掌握各个层次的课程知识，包括国家层次、地方层次、学校层次、课堂层次和学生层次，以及这些层次之间的关系；教师要提高和增强课程建设能力，使国家课程和地方课程在学校、在课堂实施中不断增值、不断丰富、不断完善；教师要锻炼并形成开发课程的能力，新课改越来越需要教师具有开发本土化、乡土化、校本化的课程的能力。

三、新课改背景下教与学方式的变化

在新课改中，不仅教育观念、教师角色发生了很大变化，教师的教学方式、学生的学习方式也随之产生了相应的变化。

（一）教师教学方式的变化

实施课程改革以来，学校以培养学生的创新精神和实践能力为目标，大胆地进行改革尝试，成功地实践了“愉快教育”“研究性学习”等教学模式，积极倡导自主、合作、探究学习，以培养学生质疑问难、求异创新、想象创造的能力，使学生得以主动、活泼、全面发展。

1. 变教师“组织教学”为学生“合作学习”

在传统教学中，主角只有一个，就是教师。在课堂上，教师讲究的是怎样控制课堂、控制学生，以达到顺利完成授课任务的目的。新课改强调教师为主导、学生为主体；强调学生学习的自主性、合作性、探究性，学生才是课堂的主人，教师的重要任务是为学生提供合作交流的空间和时间，让学生尽情地发挥，在合作学习中不断进步。

2. 变教师“讲授知识”为学生“探究学习”

在传统的教学中，教学是教师单向传授知识的过程。在这样一种知识传承的课堂内，教师营造的是一种严肃紧张的课堂氛围，师生之间有一堵无形的墙，严重影响了师生之间的情感交流和学习交流，导致了师生矛盾的加剧，造成了学生的逆反心理，导致他们的厌学情绪愈加严重，教学效果必然事倍功半。而21世纪的学生获取信息的渠道是多维的，对知识的渴求远远超过教师讲授的书本知识，而且不再迷信教师。面对这样的受教育者，教师应摘掉“权威者”的帽子，俯下身子，平视学生，听一听学生的想法和观点。教师应该与学生平等地走进课堂，从时空上给学生创造一个宽松民主的学习氛围，学生在这种情境下，思维是开阔的，探究意识是强烈的。教师应信任学生，充分发挥其主体积极性，要在承认学生具有可开发的巨大创造潜能的基础上，为其提供新的机会，让学生能够独立地进行创造性的学习。

3. 变教师“巩固知识”为学生“自我展示”

教学是拥有教学理论素养的教师与学生进行沟通的过程。在教学中，学生如何真正成为主体，怎样真正实现主体参与，从某种意义上讲，不仅包括教师要把舞台让给学生，还在于教师如何去成功地引导学生参与自主学习，积极探索与发现。教师必须按规律教学，让学生充分自我展示，以实现学生主体的真正参与和发展，从而使学生更好地获取并掌握所学知识。

4. 变教师“运用知识”为学生“实践学习”

新课改强调帮助、引导，教师的职责在于帮助学生审视和反思自我，明白自己想要学习什么和获得什么，确立能够达成的目标；帮助学生寻找、搜集和利用学习资源；帮助学生设计恰当的学习活动和形成有效的学习方式；帮助学生发现他们所学东西的个人意义和社会价值；帮助学生形成和维持学习过程中积极的心态；帮助学生对学习过程和结果进行评价，并促进评价的内在化；帮助学生发现自己的潜能和趋向。

（二）学生学习方式的变化

转变学习方式是这次课程改革的显著特点，从根本上说，就是要将建立在人的客体性、被动性、依赖性、封闭性基础上的传统的学习方式转向自主合作和探究的现代学习方式。现代学习方式的本质是以弘扬人的主体性为宗旨，以促进人的可持续发展为目的，是由许多具体方式构成的多维度和具有不同层次结构的开放系统，其具体特征表现为学生学习的主动性、独立性、独特性、体验性和问题性。也就是说，学习过程不是学生被动地吸收课本上的现成结论的过程，而是学生亲自参与思维活动，经历实践和创新的过程。这次课程改革的重点之一是促进学生学习方式的改革，即倡导自主学习、合作学习、探究学习的学习方式。

四、新课改对大学英语教学提出的新要求

大学英语教学作为我国高等教育中非常重要的组成部分，是每位学生在大学期间必须学习的一门课程。目前，新课改理念对大学英语教学提出了新的要求，主要表现在以下三个方面。

（一）以学生为主体

新课改要求大学英语教学应该改变过去传统的教学理念，要坚持以人为本，重视学生的主体地位，在课堂中发挥学生的主动性和积极性，让学生主动地学习，而不是教师一味地进行灌输。

（二）注重对学生综合能力的培养

在应试教育的背景下，培养学生的应试能力成为英语教学的唯一目标，于是学生在学习英语时只注重词汇量的增加和英语语法的学习，英语交际能力得不到提高。而新课改则要求大学英语的教学目标是培养学生的英语综合应用能力，尤其是听说能力，还包括自主学习能力、探究能力等。

（三）强调教学方式的多样化

新课改还强调大学英语教学方法的多样化，应该一改传统的“教师讲解，学生听记”的单一的教学方式，积极挖掘能够激发学生兴趣、吸引学生注意力的教学方式。

五、新课改背景下大学英语教学中存在的问题

新课改的背景虽然对大学英语教学提出了很多新的要求，但是由于种种原因，大学英语教学仍然存在很多问题，使之不能与新课改相适应。分析其中的影响因素，主要包括以下三类。

（一）学生因素

1. 学生英语基础差异大

高等学校的学生来源比较广，人数众多，且学生之间的英语水平相差比较大。不同英语水平的学生对英语课程有不同的需要和期望：基础好的学生希望教师能够用英语上课，上课的进程尽量加快；而基础不好的学生则希望教师能够边讲解边翻译，上课节奏尽量慢下来。当学生发现教师的讲课方式或者节奏与自己的期望相差过大时，就对英语学习失去了耐心或者兴趣。

2. 学生英语学习目的不明确

在应试教育环境下成长起来的学生，往往把考试成绩作为学习目标。上了大学之后，在新课改的背景下，这些学生仍旧重视应试技巧的掌握和英语成绩的高低。有的学生一进大学就把四、六级考试作为唯一的英语学习目标，与之不相关的英语学习，他们都认为是在浪费精力和时间。对于英语口语水平的提高和英语交际能力的培养，他们也毫不感兴趣，这对于新课改的推进起到了一定的阻碍作用。

3. 学生英语学习兴趣不高

英语在中学期间就是一门比较重要的课程，学生把英语学习当成一项重要的任务，其中并无趣味性可言。上大学之后，仍有英语教师没有改变传统的教学模式，教学方式单一，导致英语课堂气氛沉闷，无法提高学生学习英语的兴趣。

（二）教师因素

1. 教师队伍不稳定

总体而言，大学英语教师队伍主要是靠一批比较合格的教师在支撑。与此同时，不能否认的是大学英语教师队伍中存在结构不合理的问题，主要表现为优秀英语教师所占的比例较低，这不利于英语教学水平的提高。主要原因有四：第一，教师中高职称所占的比例较低；第二，青年教师之中达到研究生学历的比例较少；第三，公共英语课的英语教师水平总体不高，专业人才比较少；第四，教师招聘来源比较窄，比较缺乏名牌大学毕业的教师。

2. 教师的教学观念落后

教师的教学观念落后是影响大学英语教学较为关键的一项因素。很多老教师，甚至也有部分年轻教师，没有认识到新课改对于大学英语教学的真正意义。他们仍旧坚持传统的教学理念，认为词汇量的增加和英语语法的掌握是英语学习的关键，不重视学生英语交际能力的培养和听说能力的提高。有的教师甚至不重视学生的主体地位，仍然把自己作为课堂的中心，让学生跟着自己的节奏走，不给学生充分自由发挥的空间。这对于英语教学方法的创新产生了极大的限制作用。教师在这种教学理念的主导下，不会产生创新的灵感，更不会酝酿出大胆的教学思路。

3. 教师的教学方式比较单一

目前，很多教师仍然沿用原有的“填鸭式”教学，采用单一的教学方式。虽然有的教师偶尔也采用情景教学、合作教学等教学方式，但是这些方式的采用往往“换汤不换药”，课堂气氛没有得到缓和，学生的积极性也没有被调动起来，课堂的主调仍然是传统的教学方式。在这种环境下，学生对英语学习提不起兴趣，英语的综合运用能力更不会有所提高。

（三）其他因素

1. 学校缺乏学习英语的环境

非英语专业的学生每周所上的英语课程很少，英语课堂的时间比较有限，学生很少有讲英语的机会。在课后，学生讲英语的可能性更小。所以，整个学校或者整堂英语课都缺少一种英语学习的语言环境。随着英语课的减少，学生的英语水平较之中学时期，不但没有提高，反而落后了。

2. 教学辅助设备比较落后

随着信息技术的发展，多媒体技术已经被应用到大学英语教学中。多媒体对于英语教学的意义重大。但是很多学校的教学辅助设备并不齐全，也有一些老教师不喜欢接触新事物，不采用多媒体技术给学生上课，仍然坚持传统的板书方式。在新课改背景下，固守传统的教学设备，只会降低英语教学的效率，对学生英语水平的提高起到限制作用。

六、新课改背景下大学英语教学的方法创新

既然在新课改背景下，大学英语教学中仍然存在这么多问题，那么英语教师就应该多从自身出发，不断更新观念，采用多样化的教学方式，积极进行英语教学方法的创新。笔者认为，要进行英语教学方法的创新，主要应该从以下几个方面入手。

（一）对学生进行分级教学

分级教学是一种因材施教的教学方法，主要针对大学生英语水平参差不齐的现状。教师可以把学生按照入学时候的英语成绩分为 A、B、C 三个教学级别，然后根据这三个级别的学生的英语水平，对他们的英语学习提出不同的要求。对于 A 级别的学生，要求他们学习高标准、高难度、高起点的英语知识；对于 B 级别的学生，要求他们能够循序渐进地实现学习目标；对于 C 级别的学生，则要求他们掌握基本的英语知识和基本的英语技能。在进行分级教学的过程中，教师的教学评价机制也应该发生变化。英语成绩不仅要包括期末成绩，还要包括学生的平时表现，对于那些积极上进、能够完成英语学习任务，并有所进步的学生，教师要予以肯定，积极鼓励，让他们不断提高英语成绩。学生的期末

考试不仅包括英语卷面考试，还应包括学生的听力测试和口语测试；平时表现不仅应该包括学生的出勤和课后作业的完成情况，还应该包括学生回答问题的积极性等。这不仅能够提高学生学习英语的自信心，还能够增强学生的英语运用能力。

（二）更新教学理念

要适应新课改的教学背景，教师首先要更新教学观念，坚持学生的主体地位，重视对学生多种能力的培养。只有接受了新的理念，教师在课堂上才会重视对学生听说能力、自主学习能力以及自主探究能力的培养。教师才会改变对自己身份的认识，不再把自己放在高高在上的位置上，而是能够与学生进行平等自由的交流，让学生不再感觉到学习的压力，把教师当作自己掌握一门语言的引路人和指导者。只有这样，学生英语学习的主动性和自觉性才能够被带动起来，英语学习的浓厚气氛才能被营造出来。

（三）丰富教学手段

在新课改的背景下，教师要综合运用多种教学手段，尤其是要注重采用多媒体教学手段。多媒体的教学手段能够帮助教师改变传统的“课本—黑板—录音机”的单调刻板的教学模式。在多媒体技术的运用过程中，教师能够为学生创造一种更加形象生动的语言环境，能够营造一种真实活泼的教学场景，让教师的“教”和学生的“学”永远处于互动中，让沉闷的大学英语课堂转变成为一个活泼生动的大舞台。多媒体技术可谓是融真实性、趣味性、知识性和交际性于一体的教学手段。但是教师要运用这一教学手段就要做好“台前幕后”的一系列工作，提前选好教学材料、做好 PPT 等。在多媒体环境下，学生与教师之间交流的空间更大，学生的潜力更容易被挖掘出来。

（四）营造良好的英语学习环境

教师要营造良好的学习环境，不仅要在课堂上下功夫，还要呼吁学校和学生在课下下功夫。首先，教师在课堂上要尽量用英语教学，如果英语水平较差的学生听不懂教师的讲解，教师要以尽量慢的速度或者用简单的英语进行解释，而不是一味迎合学生的需要用汉语教学，这样不能给学生营造一种语言学习的环境，也不利于学生的英语听力水平的提高。其次，在课下教师多给学生推荐一些比较优秀的英语电视节目或者影视剧等，让学生通过观看影视剧增强讲英语语言的动力和学习英语的积极性，同时也让学生课上课下都处于英文环境中。最后，教师还要呼吁学校多给学生营造英语学习的氛围，让学校或者学生社团多组织一些英语歌曲比赛之类的活动，让学生多参加一些“英语角”之类的活动。

总之，在新课改背景下，大学英语教师要克服限制学生学习英语的因素，从教学理念、教学手段、教学方法和学习环境等角度出发，不断创新英语教学方法，提高英语教学质量。

第二节 多模态教学模式下大学英语教学改革

长期以来，以功能语言学为基本理论框架的话语分析（包括批评话语分析）基本都只注重语言符号系统的各个层面传达的信息，很大程度上忽视了与语言符号同时呈现的诸如声音、颜色、图像等以及语言使用者的动作、语气、神态等其他意义表现形式在交际中的作用，因此具有较大的局限性。

伴随着多模态话语交际方式的普及，自20世纪末开始，国际语言学界兴起了多模态话语研究的浪潮。某种意义上来说，话语分析研究已进入了多模态话语分析的阶段。这不是偶然的，而是必然的现象，因为话语或者语篇是一个意义单位，而意义并不是单纯由语言来表现的，而是由语言之外的其他符号系统，或多种符号系统共同表现的。因此，单纯从语言角度已经不能对话语进行深入的、全面的分析与研究。所以，多模态话语分析应运而生。目前，多模态话语分析在国外的研究如火如荼，但在国内却还处于起步阶段。令我们欣喜的是，多模态话语近几年来引起了国内学者的广泛关注，在理论研究及实际应用方面都取得了可喜的成果。按其研究路径，多模态话语研究大致分为两个方向：基于系统功能语言学的多模态话语分析和基于认知语言学的多模态隐喻研究。系统功能路向的多模态话语分析依托韩礼德的系统功能语言学理论，特别是三大元功能理论，从不同符号资源的互补关系、话语的模态协同作用、多模态话语的功能等方面展开了研究。多模态话语可帮助促进大学英语教学改革，它不仅直接体现了英语教师的话语和体态特征，而且在英语教学的手段和环境中增加了话语要素。

一、多模态话语分析的基本概念

自出现话语分析理论以来，研究者关注的焦点一直在语言本身。但随着多媒体技术的发展，人们越来越认识到多模态话语的重要性。国内的胡壮麟、顾曰国、朱永生等学者都对多模态话语分析的理论基础及研究方法做过相关的研究与论述，开创了国内研究的先河，成为该领域的领军人物。

然而，何为模态和多模态话语？不同的学者对此有着不同的看法。据资料显示，大致有两种倾向：一是认为多模式是多符号，二是倾向于从感官上定义。由于所有语篇都是多模态的，曾方本提出，对模态的理解可分狭义和广义。模态是感官，是狭义的；而模态又是符号，属于语言学的理解，是广义的；多模态符号不仅指不同的符号系统，还指同一符号的不同变体。同时，他首次提出了对多模态语篇的分类方式，即动态多模态语篇和静态多模态语篇，并将静态多模态语篇进一步分为单符号系统多模态语篇与多符号系统多模态语篇。这样，我们在具体的语篇分析过程中就有了清晰的理解和一致的标准，即模态就是符号形态，多模态语篇是多种符号资源整合的结果。

将语言学理论应用于符号学，尤其是视觉符号的研究早就开始出现了。例如，布拉格学派把“前景化”概念应用于电影、戏剧、美术和服饰研究；巴黎学派把索绪尔有关“语言”和“言语”、“能指”与“所指”、“任意”和“理据”等理论应用到时装、绘画、摄影、电影和音乐研究；批评语言学派与系统功能符号学派把韩礼德的系统功能语言学理论应用到文学、新闻和音乐等领域的研究等。

多模态话语分析关心的课题很多，学者们对其看法也不尽相同。辛普森指出，多模态话语分析主要涉及以下几个方面：第一，多模态化与新的媒体；第二，在学术与教育情境下的多模态化应用；第三，多模态化和识读实践；第四，多模态化语料库的建立；第五，多模态化与类型学；第六，多模态化话语分析和其理论问题。鲍德里和蒂博列出了六个课题：①什么是多模态语篇。②如何对这些语篇进行转录与分析。③对多模态语篇进行分析或者建立多模态语篇语料库时都需要哪些技术。④将多媒体的意义生成资源综合应用到超级语篇后怎样使我们的意义生成潜能成倍地增加。⑤在我们所处的电子学习时代中，如何使语言研究同多模态与多媒体联系起来。⑥多模态话语分析能够以什么方式、在多大程度上给语言学带来新的变化。

此外，莱文和斯科隆主张在教育、社会与工作场所等不同的语境中开展多模态化话语分析。然而奥哈洛伦认为，语言学家应该关注多模态语篇和多种交际模式（如语言、动态图像与静态图像、三维物体）合成的话语之间在意义表达与理解上的关系。研究的具体内容包括这些模态的步骤、过渡、印刷版式、摄影、身体移动以及这些模态的选择与使用是如何引导读者理解语篇与语境意义的。如同信息学家在发明与应用多模态技术时不仅要使多模态相互结合且相互配合，语言学家在进行多模态话语分析时不仅要研究每个模态本身的对话语意义的产生有何意义，而且要研究所涉及的所有模态间是如何互动的，从而使语篇获得更多的意义。

要想正确解读多模态话语的意义，则须掌握下面两个要领。

要领一是确定不同成分间的语法关系。一说到语法，人们自然就会想到把单词连成句子的规则，而很少考虑到视觉符号系统中的单个元素相互组合时是否也有章可循。回顾符号学的研究历史，视觉符号研究占领了十分重要的地位，但其研究基本上都集中在人物、图像、地点和事物等元素的外延与内涵以及象征意义上面，这在很大程度上相当于语言学中的词汇研究，而符号之间的“语法”关系却被忽视了。那么，如何确定多模态话语之间的语法关系呢？克雷斯认为，图像中的视觉符号不仅可以反映客观世界与主观世界发生的各种事件，还可表现各种各样的人际关系，与此同时，视觉符号内部也是一个有机的连贯整体。因此，可借用韩礼德的语言三大功能假说，分别从人际功能、概念功能和语篇功能的三个不同层面分析图像等视觉符号的语义关系。

在人际意义层面上，我们可探讨图像中参与者间的社会关系、图像设计者的交际目的及图像解读者本身对图像内容的介入程度；在概念意义层面上，我们可探讨不同的图像间或同一个图像中不同成分间有何联系，哪个成分相当于及物系统中的行为者，哪个成分表示环境，哪个成分充当对象；在语篇意义层面上，我们可根据同一个图像中不同成分间或不同图像之间所处的相对位置关系（如前后、上下、中心边缘）等版面安排的具体情况，分析多模态话语的信息分布，确认哪些成分是新信息，哪些成分是已知信息，从而认清哪些信息是多模态话语的起点，哪些信息是多模态话语想要传递的信息焦点等。

要领二是要弄清文字同图像间的关系。对此，学术界的看法不尽相同。如：巴尔泰斯认为图像与文字说明是关联的，然而因图像本身的意义飘忽不定，必须借助文字说明来确定。而克雷斯却认为，图像与文字说明是有联系的，但并不依赖文字说明，因为它本身既是有结构的，又是有组织的。这就要求我们对两者的互补作用进行深入研究。此外，克雷斯还告诫我们，视觉结构并不只是对“现实”结构进行复制。恰恰相反，它们生成的现实世界的各种图像，与那些生成、传播与阅读这些图像的社会机构的利益是紧紧联系在一起的，它们是用来表达意识形态的。视觉结构绝不仅仅是形式的，在语义上它们也是非常重要的。这就意味着图像与语言一样，对社会现实与心理现实既具有复制作用，同时又具有重新建构的作用。

回顾以前的话语分析，几乎都以文本为基础，这也许是一个方向性的错误。索绪尔在 1916 年早就明确提出，实际使用中的话语才是语言学真正需要研究的对象，基于文本的语言形式与结构研究并不能从根本上解决语言学家想解决的问题。韩礼德、哈桑等人也持上述观点。他们认为有必要将语言研究的重心转移到自然状态下的话语上来，特别是现场即席口语会话上来。而人们在具体社会情境中，总是运用各种各样的符号资源来完成意义建构的。也就是说，自然状态下发生的话语活动往往是具有多模态性的。

以前因科学技术的限制，很少有人从多模态角度分析话语。如今，随着多媒体技术及语料库的迅猛发展，对自然话语进行多模态的研究已成为可能。多模态话语分析的意义在于它可以将语言及其他相关的意义资源整合起来，这不仅可以看到语言系统在意义交换过程中所发挥的作用，还可以看到如图像、颜色、音乐等其他符号系统在这一过程中产生的效果，从而使话语意义的解读更全面、更准确。这类话语分析既可推动我们对语言学的研究，又可加深我们对符号学的认识。

二、多模态应用于教育

多模态话语分析对语言教学的指导作用引起了西方国家众多学者的关注。20 世纪初，克雷斯研究了多模态课堂教学的方法，探讨了非语言符号模态，如图像、手势等在实际课堂教学中的作用，并指出图像是教学中必不可少的部分。2002 年，语言学者罗伊就多模态语篇中图像与文字的互补关系及多种符号模态在语言教学中的协调关系进行了分析，研究了教师如何在课堂中运用电脑上所呈现的视觉、听觉等多种模态来帮助学生发展多模态话语交际能力。2006 年，朱伊特观察并研究了教师使用互动白板时对节奏、多模态和互动性的资源分配，探究了课堂教学中互动白板的设计与使用原则，并就多模态教学与现代媒体技术的关系进行了研究。朱伊特还指出教学话语不再是“语言独尊”的局面，课堂教学是由多种模态共同完成的，其中包括空间、三维事物、图形、表格、图画、动画、凝视、手势、身势、移动、声音、腔调、音乐、口语、书面语等。同年，鲍德里和蒂博对多模态话语的转写方法及研究方法进行了详细介绍，其中比较受关注的有言语表述法、图像与文字结合表述法、图像展示法和绘画展示法，并深入探讨了如何在语言教学领域中借助网络信息技术、多媒体、多种符号模态辅助教学进程。

综上所述，历经二十余年的发展，在国外多模态理论已被广泛地应用于语言教学、影视戏剧、网站页面设计、书刊排版、建筑规划等诸多领域，并逐渐形成了自己的理论体系和研究方法，涌现出了一大批致力于多模态理论研究的专家学者。2002 年，罗伊斯研究了不同符号在多模态话语中的互补性以及在第二语言课堂教学中多模态的协同性等；奥哈洛伦不仅研究了多模态的理论构建，还专门研究了教学语篇及实践中的多模态现象；2004 年，克雷斯还提出，随着计算机技术的发展，屏幕越来越占据主导地位，同时图像、动画等成为交际的主媒体，教学中亦是如此。

国内很多学者也就多模态应用于教学进行了研究。张德禄主要是以理论框架和多模态话语分析理论在外语课堂教学为方向做了一系列的研究。他利用系统功能语言学理论，为多模态话语分析和研究提供理论框架，并以这个理论框架为基础为现代媒体技术条件下的外语教学实践提供选择有效教学和实践的相关指导。他还具体研究了外语课堂教学中的设计及其对模态系统的调用，对外语教学过程中的模态选择提出了三原则：有效原则、适配原则和经济原则。顾曰国对多模态与多媒体的区别做出了区分，设想通过多媒体实现多模态学习的论断。从心理学，特别是认知心理学角度对多媒体、多模态学习提出了五个供进一步研究用的假设；最后介绍用角色建模语言对多媒体、多模态学习进行结构化数据建模的思路。胡壮麟通过分析 23 个 PPT 演示竞赛中的参赛作品，总结出现代课堂教学中 PPT 演示已是一种重要的知识信息传递工具，成为一种新的语类，在课堂教学中占据重要地位。他指出应区别 PPT 既是工具，又是语篇，又是语类的不同概念；对 PPT 演示的研究可推动社会符号学的研究。该分析说明在多媒体技术广泛运用的环境下，多模态话语分析已经在课堂教学中出现，并且被普遍运用。

三、多模态教学的内涵

长期以来外语教学往往只重视纯语言文字的课堂教学，其教学手段和目标只立足于单一的文字模态，极少结合非文字的其他模态形式展开课堂教学和评估。

随着人类交际信息化和数字化的普及，多模态已不可避免地影响到课堂教学的模式。新伦敦小组首先将多模态理论用于语言教学研究中，他们基于语言文化的多元性和交际的多模态性提出语言教学的根本目的是培养学生的多元识读能力和解读多模态各种意义的能力。斯坦首先明确提出了多模态教学法概念，认为教师和学生都应当利用多模态进行教学和实践，课堂应当是包括视觉模态、书面模态、口头模态、表演模态、音频模态和体态模态在内的多模态符号空间。克雷斯分析了多模态教学中外来信息借助感官在学习者身上形成文字文本或者形象文本的机制。除此之外，很多国外学者也对多模态教学的运用和实践进行了研究，主要围绕 PPT 课堂使用和计算机辅助 CALL 教学等问题。国内不少研究者关注的是多模态应用和外语教学之间的关系。顾曰国研究了多模态、多媒体外语学习模型，剖析了基于计算机多媒体材料的多模态学习。胡壮麟分析了多模态识读能力的九个层次，认为多模态识读能力实质是一种技术性识读能力，它与文化识读能力共同构成了识读能力的两个层面。张德禄等人研究了媒体系统、模态系统及其关系，对不同模态在外语教学中的相互作用特别是强化、补充和协同作用进行了探讨。张征采用实证的方式探讨了多模态 PPT 演示教学与学生学习效果的相关性，以及其在增强学生短期记忆和提高平时学习效率中的作用。代树兰提出单一模态的教学模式已不能适应新时期的以多模态话语为特点的教学的要求，教师必须注重对学生多模态读写和交际能力的培养，在教学中不仅要考虑话语形式多样化，还要考量不同传播媒介形成的各种文化和亚文化。通过国际和国内相关多模态教学研究的分析，可以看出多模态教学是一种围绕教学媒体、教学模态、模态语法解析、模态识读与交际而展开的教学体系。它借助网络、多媒体技术和相关的模态语法（带有一定的主观性）等客观条件和环境，为大学英语教学提供多种感官体验和刺激的语言及非语言的多模态语境。其教学基本目标是培养学生应用英语进行多模态识读和交际的能力，提高学生利用多媒体和多模态进行自主学习的能力，以适应社会发展和国际化的战略发展。

四、多模态应用于英语教学的意义和趋势

多模态话语分析为语言教学的多模态化提供了理论支持和指导。尤其是随着现代教育技术的发展，多媒体网络资源在课堂教学中得到了广泛的应用，实现了声音、图像以及教学网络资源的多样化和丰富化，为多模态教学的实现提供了技术支持。张德禄依据系统功能语法构建了多模态话语分析综合理论框架，提出了多模态媒体系统，尝试探讨各个模态之间、模态与媒体之间的关系，指出英语课件的制作和运用中的诸多误区，并提出了一些应对方法。章柏成从语言输入角度出发，提出了多模态 PPT 演示应凭借相关技术手段，在诸多模态中有效实现对输入信息的强化，从而改进语言习得效果。新媒体以先进的传播技术影响着世界经济、文化的发展，极大地促进了多元文化的传播和渗透。同时，它也使传统的读写方式发生了巨大的变化，图像、声音、空间等多种原来被认为是副语言的符号地位逐渐凸现出来，它们同传统的文字表意方式相结合，共同作用于社会生活中。各种符号交织在一起，语篇的含义也从传统的文字语篇扩展到了动态语篇。这些发展也为当今的英语教学理念、内容和方法带来了深远的影响。

多模态话语分析在教育领域的运用主要体现在两方面：一方面是对如何在

现代化教育背景下培养学生多模态交际能力的宏观研究，包括如何改革教育体制、课程设置和教学方法来适应信息时代对学生读写能力的新要求。另一方面是对课堂多教室布置以及师生的空间距离等模态符号对多模态意义产生所起的作用进行研究，从而深化对课堂教学活动的理解。多模态话语分析应用于教学，为教师提供了多样化的教学方式。利用多媒体教学手段，教师可以实现多种模态的结合、优化课堂教学效果和推进大学英语教学改革，从而提高教学效果。学习者在多模态教学环境下，通过调动多方面的感官模态，可以有意识地发展多模态的学习能力，养成多模态的识读意识，锻炼自己的多元读写能力。

五、多模态应用于大学英语教学研究的可行性与突破性

多模态教学作为一种教学理论，主张利用网络、图片、角色扮演等多种渠道、多种教学手段来调动学生的多种感官协同运作，参与语言学习，强调培养学生的多元读写能力。多模态教学法强调身体和大脑通过多模态、多感官协同参与交际的不可分割性。多模态手段运用到课堂教学中有传统教学无可比拟的优势，在提高大学英语教学效率、培养大学生多元读写能力、优化课堂教学效果和推进大学英语教学改革进程等方面都具有可行性和突破性。

（一）多模态应用于大学英语教学的可行性

1. 依据

外语教学互补整合理念系统论的系统整体观念强调任何系统都是一个有机的整体，而不是各部分的机械组合或简单相加，要素之间相互关联构成一个不可分割的整体。语言反映事物的一般规律，也是一个整体系统，语言教学中听、说、读、写、译为一个有机整体。系统功能语言学把互补和整合看作核心的研究方法之一，以互补整合观点看待问题、分析问题和解决问题。“输出假设”理论认为，输入和输出两部分不可分割，构成一个完整的学习过程。整体语言教学理论强调语言教学的整体性，强调口头语言和书面语言之间的互动性及内在联系。听说读写是语言功能结构的综合整体，应该同时教，而不应当被分成听、说、读、写几个部分。交际法在语言技能训练方面主张单项技能训练与综合性技能训练相结合，以综合性训练为主，最后达到在交际中综合运用语言的目的。整合语言学认为语言符号具有整合特征，是个体在特定语言环境中各种行为的整合的语境化产品，语言符号的理解和使用包含一个整合过程。认知语言学概念整合认知模式认为，话语人所构建的心理空间和写作所构建的心理空间共享一个框架结构在类属空间里对接，把相互对应的元素有选择地输入整合空间。

2. 理论基础

（1）语言学理论基础

系统功能语言学、认知语言学和社会符号语言学分别从功能、心理和符号系统等不同方面研究语言并指导英语教学。系统功能语言学认为语言的功能是在社会和文化因素的影响和制约下通过“选择”创造意义和表达意义的。从“概念”“人际”和“语篇”三个方面描述语言，解释语言怎样表达意义和实施行为。认知语言学主张人的语言能力跟人的一般认知能力紧密相关。社会符号学重视文化多元化趋势、语言变体和信息技术发展所带来的传统文字表达方式与视觉、听觉、手势等表达方式的结合以及语言交际方式和非语言交际方式的互补整合，认为多模态交际中受话人通过多通道获得信息比单模态话语更容易理解和记忆。建构主义理论强调学习是一个主动的过程，学习者把知识结构内化为认知结构，并在已有的经验、心理结构及信念基础上建构知识。教师整合多重的内容或技能，学生了解所学知识的相关性并通过不同途径、采用不同方式学习同样的内容。图式理论主张激活人们头脑中已储存的知识结构，使新信息更容易被理解和吸收并融合到已有的图式中，产生新图式，丰富头脑中图式的内容，从而能正确理解和记忆所学的内容。知识共享理论认为共享知识包括认知与行为两方面。多模态语言技能一体化教学比单一培养语言技能的效率高，而且听说读写译技能创造意义和表达意义的规律相同，使用者应用各项技能的心理认知模式相同，一种技能应用技巧及所用语言文化知识也适用于其他技能的应用过程，因此，完全可以把培养各项语言技能作为一个整体进行。上述各语言学理论为建构多模态语言综合技能一体化教学法提供了语言学理论基础。

（2）教学理论基础

语篇体现了人类行为潜势、语言的意义潜势和语言使用的现实化潜势。系统功能语言学的功能语篇分析理论从结构和功能出发，从文化语境、情景语境和语言三方面分析语篇表达什么意义、语篇怎样表达意义和语篇为什么表达某种意义。认知语言学探讨认知要素在语篇分析方面的作用，重视语篇分析理解中主体的能动性。社会符号学把动态图像分析作为语类的组成部分，把语类看作多模态语篇，采用多模态话语分析方法。社会符号学的多模态语篇分析理论认为话语具有多模态性，是单个或多个符号系统中选择的结果。认知语言学的认知语篇分析教学理论、系统功能语言学的功能语篇分析教学理论和社会符号学的多模态语篇分析教学理论既有共性又有个性，加以整合运用能为建构多模态语言综合技能一体化教学法提供教学理论基础。

（3）教学法基础

整体教学法强调课堂教学的整体性、综合性、统一性和协调性，注重语言各项技能的内在联系，把听、说、读、写、译等单项技能融为一体，输入和输出技能同步训练，把完整的语言模块传授给学生。视听说教学法将视听说整合为一体，视觉模态、听觉模态与口语模态结合。视听说同时进行，以视促听说、以听带说、以说促听，比单一途径获得的信息量更大，理解更准确，可以有效提高学生的听说交际能力。读写教学法认为阅读是对语篇解码、理解意义的过程；写作是对表达的意义进行编码而形成语篇的过程，两个过程是逆向运行关系。读者和作者运用一定的体裁、语域等共享知识、认知图示、心理思维方式及共享的语篇衔接连贯分析过程进行理解性阅读。语篇分析是阅读和写作的共享过程，通过语篇分析掌握不同体裁的篇章结构和建构过程，能够提高阅读和写作能力。通过多模态语篇分析，综合培养学生的文化识读和多媒体技术识读、语篇写作和非语篇写作能力。交际教学法主张在一定的社会环境中恰当地使用目的语进行交际，培养学生的主观意念、态度、情感、文化修养等，采用真实、地道的语言材料，鼓励学生多多接触和使用英语。任务型教学法将语言知识和语言技能结合，培养学生的综合语言运用能力。科学整合应用上述各教学法的精髓部分可以为建构多模态语言综合技能一体化教学提供教学法基础。

（二）多模态应用于大学英语教学研究也具有一定的突破性

新伦敦小组提出用多元识读教学法有助于提高学习者的多模态识读能力。他们将多元识读教学法的教与学模型分成情境操练、明确指导、批评性框定和改造式操练四个步骤。美国教育界有艺术读写项目。澳大利亚、英国等西方国家也对多模态识读能力的研究做出一些探索。这些教学理念都为新媒体时代的英语教学带来了积极的启示。教学发生于复杂的社会、文化、经济关系中，因此单一的教学法概念损害了而不是提高了人们对语言教学的理解。因此，培养学生的多模态识读能力需要采取多层次的语言教学手段。

1. 教师的作用

英语教师应该认识到，在新媒体的外语教学环境中，自己已经逐渐从主导角色调整为辅导角色，主要任务是辅助学习者辨识各种符号，构建意义，以获得新知。

虽然教师在教学中已不再是绝对的主导角色，但依然不能忽视对学习者进行明确的指导。教师应当帮助学习者接触多模态话语，比如可以通过选用合适的多模态材料的语篇，如录像、漫画等，教授他们分辨各种多模态资源的方法，使他们了解到除了文字之外，还存在着许多非语言成分的模态，如图像、版式、颜色、图表，甚至语类等，这些模态不再只是单纯的交流形式，而是切实地参与到了意义的构建中。当学习者具有了对各种模态的敏感性时，教师便可以进一步讲解各种符号在语篇中所建构的意义，引导他们深入解读各个模态之间的联系，协助他们通过这些渠道进一步了解多元文化，深入理解意义，培养深度认知。

（1）利用多模态手段教学

授课过程中，教师可以利用PPT、录像等采用多模态手段的现代教学媒体来协助教学。阿尔格伦的定性研究发现，利用网络资源和网络技术的在线互动可以协助学习者提高写作技能，提高批判性思维技能和跨文化意识。教学的主要模态是听觉模态，学习者主要通过教师的口头话语来了解新知识。因此，在利用现代工具进行多模态教学的同时，教师也可以利用手势、动作、移动等其他模态来补充、强化、优化口头话语，达到多模态协同作用。因此，教师要注意培养自身高质量的口头表达能力，清晰地传达信息，将学习者的注意力吸引到新的知识点上来，在使学习者直观地感受到多模态系统的同时，提高教学效果。如在教学过程中讲解一个语言点的时候，教师既可以通过PPT、录像、音响、图像等手段来刺激学习者的感官，引起他们的兴趣，还可以通过自身的声音、手势和移动来拉近与学习者的关系，激发他们的学习积极性并进行有效的引导。

教学中利用多模态符号无疑能够极大地调动学习者的学习兴趣。但如果用视频流材料仅仅是为了增加趣味性，那就是对高级多模态资源的低级使用，也是一种浪费。模态并不是越多越好，过多的模态容易分散学习者的注意力，而且关键知识点也得不到强化。要恰当地处理好多模态符号输入和产出之间的关系，对学习者的引导就十分重要。如果引导得好，就能够借助多模态符号的手段，将他们的焦点集中在关键的知识点上，使知识点从各个角度得到强化，从而提高学习效果。因此，教师应该引导学习者意识到不同符号在意义建构中起着不同的作用，并对在意义构建中起关键作用的符号进行着重分析。

（2）引导学生进行批判性的解读

教师可以鼓励学习者根据自己的文化背景、知识体系，在学习过程中反省、思考、理解各种模态的语篇，与同伴互相交流，对语篇进行评价和批判性的解读。例如，教师可以选取一幅国外杂志上的漫画，让学习者根据自身经验、知识体系和信仰对其中出现的各种模态进行评价。评价的过程可以采用个人陈述、小组讨论或辩论等多种形式。在不同学习者展示他们对同一语篇的不同理解后，教师可以发表个人的看法，并让大家对不同观点逐个进行点评，帮助学习者从语篇语境、符号形式、语言特征等方面对漫画要表达意义进行批判性思考，从而得出多角度的阐释，使他们建构起一个更全面的语篇意义。实际上，批判性解读的过程就是一个构建意义的过程。

2. 学习者的主体性

在新媒体时代的英语教学中，学习者的主要任务是将教师的各种模式和符号资源转变成自己的理解。他们不再是知识的被动接受者，而是主动、积极的探索者。他们经常成为听觉和视觉模态的发出者，通过各种课内外实践活动发表他们的观点和看法。因此，在学习交流的过程中，学习者在分析多模态资源构建文本意义的同时，也构建了自我身份，发展了主体性。一个理想的学习者是自主的，能够主动把握实践知识的机会，并愿意与他人进行交流，在讨论协商中解决问题，还能在教师的指导下，将自身的潜力发掘最大化。当然，学习者也应该掌握从新媒体各种渠道掌握信息知识的技能，并能够对各种信息进行筛选、去伪存真，得出自己的新知。

3. 多模态教学

多模态教学是指教师在多媒体环境下，充分调用多模态手段传递和获取信息的教学方法。根据英语的特点，教师可采用视频、电影剪辑、录音、照片、图表、实物等进行信息传递，充分采用模拟旅行社、宾馆、饭店、旅游景区或商贸洽谈、商贸交易等业务展开教学活动。教师可根据课程的具体内容科学地使用各种模态，把握语篇信息与非语篇信息的合理比例。开展多模态教学活动首先要进行多模态教学设计。该设计应体现在教学目标、教学程序、教学任务、教学方法和教学手段（即对模态的选择）等方面。多模态教学设计需要考虑教学环境和教学条件，要先明确设计依据，再确定授课的教学目标、教学程序、教学任务、教学方法和教学手段；教师还需要为整体教学过程设置不同的阶段，确定每个阶段的教学目标和教学任务，然后再为每个教学阶段选择合适的教学方法和教学模态。值得一提的是，教师可根据整体教学目标设计出整体的多模态教学程序，然后再根据各阶段不同的教学目标和教学情景调整模态教学手段。因为每个教学环节都有其阶段性的教学目标和任务，所以教学方法和教学模态的选择不仅要考虑课堂的宏观教学情景和目标，而且要考虑每个阶段的教学目标和教学情景，还要为每个具体的教学阶段设计具体的教学方法和模态组合。教师在进行教学设计时要充分利用包括文字、图片、音频、视频、PPT、网络等集合而成的多模态教学手段，为学生提供多模态认知和感知的环境。教师还要运用多模态教学理念来指导英语教学，掌握如何根据教学内容和教学条件来设计调用不同的模态，还要根据学生所学专业的特点设计具体的教学活动，如情景表演等，从而激发学生的学习兴趣，提高教学效果。

模态教学可表现在以下几个方面：第一，要求学生课前充分预习，掌握课文中的生词，尤其是重要的英语术语，了解课文大意，找出疑难点。第二，教师要精心备课，除需对课文语篇信息和相关信息精通外，还要准备与课文内容信息相关的多媒体课件，如视频材料等，使学生能够更直观形象地理解课文所传递的信息。第三，课堂上，教师可先播放视频片段，然后设置各种情景，让学生模仿，使学生通过视觉和听觉模态直观地进行感受。第四，布置课后任务，让学生准备下一堂课的课堂展示或表演，模拟所学内容。模态的选择应以动因为基础。为了取得更好的教学效果，教师要尽量选择多种有效的措施和方法，特别是技术手段。教师应充分利用现代媒体技术，最大限度地表达语篇的意义，以取得最佳效果。

4. 多模态学习

多模态学习是指学生运用多模态手段并通过多种感官多模态地认知、处理、接收和运用语篇信息和非语篇信息。多模态学习首先要求学生通过视觉模态进行教材文字识读和语篇信息认知，包括语篇树状信息结构和信息点。然后，学生要认真观察教师所演示的多模态教学内容，以获取相关信息，最后再综合运用多模态认知语篇信息和非语篇信息进行多模态信息输出（如回答问题、展开讨论或进行课堂表演等形式），以便训练学生自身的语言表达能力、思维能力和操作能力。

学生多模态学习主要是通过教师课堂传授和学生自主学习两种方式进行的。课堂上，学生首先要学会理解教师提供的各种信息，领会各种模态所含信息的意义。学生通过听、说、表演等多种模态方式掌握所学内容，例如观看视频时，教师应着重提醒学生注意视频中的重要环节或要点。通过课堂学习，学生可了解掌握所学内容的大量信息。此外，为巩固课堂所学内容，教师可建议学生去当地所学专业的涉外工作场所进行观摩学习。从理论上说，这种学习方式将有效地帮助学生提高所学专业的英语听说读写能力、思维能力和跨文化交际能力。学生自主学习主要指学生依据教师布置的课外学习任务，根据自己的水平和学习方法，通过视觉、听觉和触觉与网络环境下的学习资源进行多模态自主学习，并在规定时间内完成教师布置的自主学习任务。在多模态学习方面，教师应引导学生多模态地获取、加工各类语篇信息，并在课堂上进行实践和运用，引导学生捕捉课堂上教师所提供的各类与语篇信息相关的非语篇信息，再将非语篇信息转换为语篇信息，以达到课堂教学互动的效果。

5. 多模态教学评估

多模态教学评估是指师生双方根据所制订的教学目标对教与学的效果进行多种方式的检测，该评估包括师生自评、师生互评、学生互评等方式。多模态教学评估是多模态教学模式中不可缺少的组成部分。多模态教学评估不能只依据传统的期末考试成绩这种单一的评估手段，教师和学生双方都应成为被评估的对象。教师要评估其使用的教学方法或手段是否合理，比如图像、视频、音频、PPT 或网络等多种手段在课堂教学中的效果，及时调整不合理的多模态教学方法，以便在有限的课时内有效地完成教学任务。学生亦应对教师的教学效果进行评估，教师通过学生的评估来了解教学中多模态运用的情况，如各种模态调用是否合理恰当、设计信息与模态是否匹配、设计是否易于操控等。教师通过双向评估可以发现问题、解决问题，进一步提高多模态教学的质量。

对学生的评估要设计多种评估指标和参数，绝对不能从单一的语言文字方面来评估，要对学生在平时学习过程中的英语听说读写能力、所学信息的认知能力、语言交际能力、思维能力以及对多模态信息的处理能力等多方面因素进行综合评估。具体参数包括学生根据自身所取得的成绩进行自评，学生小组活动中根据参与多少、贡献大小进行互评。每单元结束后收集的评估结果可作为动态评估学生表现的重要依据。课堂表演、课堂问答、期末考试等综合成绩按一定比例计算，每学期各项动态测评成绩按一定比例计入学生总评成绩。

六、多模态话语理论在大学英语教学中的运用

（一）利用多模态话语构建大学英语课堂

根据多模态话语理论的要求，大学英语课堂构建要通过利用如音频、图片文本、食品等各种教学资源来实现，充分展现教学资源的多元化特点。相关研究表明，学习者在学习过程中通过各种感觉器官接收信息并经过大脑处理，再经语言输出。学习的过程是各种感觉器官相互配合、通力协作的过程。因此，在教学中，教师要根据多模态话语的互动教学理论，利用各种教学设备激活学生的思维，引导学生从多个角度理解和分析英语知识。例如，在讲授英国历史时，教师可以先让学生观赏一段英语电影，激发学生的学习兴趣，然后通过幻灯片的形式，将不同历史时期的著名历史事件及人物按照时间顺序展示出来，每介绍一个时期，再配以反映相应时代特征的文学著作，比如在介绍维多利亚时期的历史时，可以向学生展示诗人罗伯特·勃朗宁的作品。教学时将文字、图像、

声音等信息融于一体，能够激发学生的发散思维，使学生在轻松的氛围中掌握知识。

1. 基于视觉符号的视听教学

多模态话语理论是利用两种以上感官教学的理论；通过视觉符号的视听教学是大学英语教学的一种多模态话语教学模式。视觉图像可以将画面生动地再现，增强学生的视觉效果。具体的视听教学方式可以从语料选取、课堂实施和能力评价三方面着手。

（1）语料选取

视听教材种类很多，选择不当不仅不会提高学生的学习效率，反而会分散学生的注意力。视听材料的选取要以实用性和真实性为原则，如学术报告、话题访谈等，应尽量避免冗长的材料。

（2）课程实施

课堂实施的互动形式为“教师—试听语料—学生”，教师首先要激发学生对听力的兴趣，然后展示视觉符号。在课堂实施中，教师要充分利用会话形式，交互呈现视觉、听觉、文本等模态，利用文字、图片、视频等方式传递信息。

（3）能力评价

除了检验学生有关音频输入的能力，教师还应对听力材料中的背景知识、表情动作、语音语调等因素的再次重现进行精心的模拟考核，这也是多模态试听能力的培养目标之一。

2. 基于多模态观点的阅读教学

学者胡壮麟认为，个体的识读能力可以分为文化识读能力和技术识读能力两种。文化识读能力是指对文字的理解以及对文化内涵的把握能力。技术识读即对各种多模态信息进行识别和理解的能力。阅读教学中，教师除了对学生进行文字模态的教学外，还应强化学生识别非文字模态的能力，比如文章中的黑体字、斜体字、主标题、副标题以及特殊标点符号等。

（二）多模态大学英语课堂教学的研究意义

多模态教学作为一种教学理论，主张利用网络、图片、角色扮演等多种渠道、多种教学手段来调动学生的多元读写能力。多模态教学法强调身体和大脑通过多模态、多感官协同参与交际的不可分割性。多模态手段运用到课堂教学中有传统教学无可比拟的优势，在提高大学英语教学效率、培养大学生多元读写能力、优化课堂教学效果和推进大学英语教学改革进程等方面都具有重要意义。

全球文化多元化和交际多模态发展的需要在社会文化中相互渗透。在科学技术发展迅速的今天，交际不再利用一种模式进行，声调、语调、音调等语言特征，手势、身势、面部表情、动作等身体特征以及 PPT、音响设备、网络、实验室、周围的环境等都是表达意义的符号载体。英语教学课堂用 PPT 上课是通过语言、图像、声音、动作等多种手段和符号资源进行交际的现象。因此，多模态教学是在社会文化呈现多元化和技术化的背景下教学实践发展的必然趋势。多模态话语的广泛应用时代的到来对大学英语课堂教学提出了新的要求。

第一，深化大学英语教学改革、提高大学英语课堂教学质量的要求。多模态教学就是把课堂构想为多模态话语——视觉的、书面的、口头的、表演的、音频的以及姿态的、相互交叉的符号空间。多模态话语交际理论给大学英语课堂教学改革带来了新的启示。多模态、多媒体的运用丰富了大学英语课堂教学手段，提高了课堂教学效率，有助于大学英语教学改革的进一步发展。英语教学中多媒体网络平台可以提供大量的语料、教学和学习材料，可以模拟真实语境，从而提供模拟交际的语境，为教师和学生提供教学和学习的环境。录音、录像、图像可以做意义表达的辅助方式，同时可以激发交际者交际的兴趣和热情。它给大学英语课堂教学带来了新的生命力，能最大化地取得教学效果，从而进一步提高教学质量。

第二，树立大学生多元识读意识、培养大学生多元识读能力的需要。传统以读写为主的识读能力在多媒体时代已不够用，在全球趋于一体化、多元化、技术化的今天，对学生不仅要进行读写能力的培养，更重要的是，要帮助学生树立多元识读意识，对学生进行多元识读能力的培养。因此，大学英语课堂要进行多模态教学，提供和创造条件让学生学习和体验多模态交际模式，要培养大学生阅读各种媒体和模态所提供的信息的能力，使学生不仅能在多模态环境下理解各种经历，建构自己对现实世界的认识，而且能在多模态环境下创造性地学习和工作，以帮助学生在不久的将来能适应急剧变化的社会，迎接经济全球化、语言文化多元化和交际技术多样化的挑战。

（三）多模态大学英语课堂教学的实现途径

基于多模态话语分析理论，“教师—学生—评估”三位一体的大学英语课堂教学是实现多模态大学英语课堂教学的重要途径。

1. 教师多模态教学

教师多模态教学主要是指教师在某些教学环节中充分调用多模态获取、传递和接收信息。教师通过对多种模态的选择和组合来设计具体的教学环节，学生利用各种感官来获取、认知和传递信息。教师在进行教学设计时要充分利用包括由文字、图片、音频、视频、PPT、网络等工具集合而成的多模态教学环境，给学生提供多模态认知和感知手段。因此，多模态大学英语课堂教学对教师提出了更高的要求，教师要不断更新教育理念，运用多模态教学理论来指导大学英语课堂教学。大学英语课堂教学主要以听觉模态和视觉模态为主，还有其他多种模态如触觉和嗅觉等相辅。教师要掌握如何根据教学内容、学生特点和教学条件来设计并选用不同的模态。

教师要为整个教学过程和每个教学阶段选择合适的教学方法，并据此选择合适的教学模态，如口头表达、PPT 书面语、黑板书面语、视频、电影剪辑、录音、图画、图表、实物、音乐等。教师要根据学生的特点设计具体的教学活动，如情景表演、电影配音、短剧表演、辩论等，从而激发学生的学习兴趣，培养学生的多模态识读能力。教师要学会利用已有的环境和创造新的环境来提高教学效率，包括着装、站姿、身形、动作、空间、音乐等要素。教师还要学会利用各种资源，特别是现代教学媒体，如用网络、同声传译室、录像、电影等工具模拟真实语境，提高教学效率。

2. 学生多模态学习

多模态学习指学生运用多模态观察、分析、表述各类信息的认知能力。学生的多模态学习主要是通过教师的课堂传授和学生的自主学习两种方式进行的。第一，学生在课堂上学习多模态话语信息表达。教师引导学生多模态地获取、加工信息并在课堂上展现和交流，引导学生迅速捕捉课堂上教师和同学所提供的非言语信息，并运用非言语信息更好地理解课堂教学内容，达到课堂上的高度互动。学生的首要任务是学会理解教师展示的各种符号，能够鉴别各种图像、文字、颜色和动作等模态是如何相互依赖并产生整体意义的。多模态大学英语课堂教学还提倡运用多种教学方法，如通过师生问答、分组讨论、角色互换、情景表演、模拟演讲、电影配音、短剧表演、辩论赛等帮助学生体验视觉、听觉、触觉等多种模态的信息表达，锻炼学生接收、处理多模态话语信息的能力。第二，学生自主学习多模态话语信息表达。学生自主学习主要指学生依据教学要求，根据自己的水平和学习方法，通过视觉、听觉和触觉与网络环境下的学习资源进行自主学习。首先，学生自己制订并修改学习计划，在规定的时间内独立完成由教师设定或自定的自主学习任务。其次，学生在自己的学习过程和意义表达过程中，不仅要了解资源获取的途径，还要学会利用各种信息渠道获取信息、自主学习并解决问题。最后，学生不仅能够在自然轻松的环境内学习语言，而且还能利用技术为意义构建服务，能够了解各个符号的意义潜势，并利用各种符号来表达自己的意义、完善自己的意义。

3. 教学多模态评估

教学多模态评估是根据一定的教学目标和标准，对教师的教学方式进行系统监测，并评定其价值及缺点以求改进的过程。它既是教学过程的重要组成部分，亦是所有有效教学与成功教学的基础。多模态大学英语课堂教学更需要系统且完善的综合教学评估体系以验证其价值并推动其在实践中的进一步发展。

多模态大学英语课堂教学需要多模态的评估体系。对于多模态大学英语课堂教学的评估已经不能只从单一的语言文字方面来考量，还要考虑到图像、视频、音频、PPT 和网络等多种符号元素在课堂教学中所起的作用和价值。合理协调的多种模态共同作用对整体意义共建会起到强化的作用，而不合理的多模态共同作用对整体意义会有消减作用。有时候有限的课时和多样的教学模态也会发生冲突，影响教学任务的完成。因此，多模态大学英语课堂教学评估要包含多模态使用手段，并且需要制订一套量化指标来综合考量其在英语教学过程中的作用。

多模态大学英语课堂教学更需要教师自评。多模态大学英语课堂教学提倡教师通过自己的教学录像、学生的评价来分析教学中多模态的运用情况：各种模态调用是否合理恰当，设计信息与模态是否匹配，设计是否易于操控并有利于教学任务的完成等。所有的外部因素都是通过教师内部因素起作用的。教师通过自评发现问题、解决问题，循环反复是教师素质不断提升的过程，也更有利于提高多模态大学英语课堂教学的质量。

七、多模态话语理论在大学英语教学中的作用

（一）激发学生的参与积极性

多模态话语理论中的非语言因素对于信息的传递以及意义的建构起着不可小觑的作用。这些非语言因素主要包括：伴语言特征如语调、声调、音响度等因素；身体特征如表情、手势、动作等因素以及非身体特征如设备、环境和网络等因素。在多模态的教学方式下，教师利用图像、音频等方式对语言知识进行多角度的诠释。例如，单词课上，教师可以播放含有目标单词的英文歌曲及电影视频，吸引学生注意，加深学生对单词的记忆。

（二）提升学生的学习兴趣

多模态话语理论能够通过视觉和听觉实现场景互动的功能，采取“教师—试听语料—学生”三方互动的形式，刺激学生的相关感官，生动传递并强化知识重点，丰富课堂教学内容，加深学生对知识的理解。

例如，教师通过具有感染力的语言描述以及肢体动作，同时采用背景音乐渲染气氛，使英语学习变得生动有趣，充分激发学生对英语学习的兴趣，从而提高教学质量，加强英语课堂的学习效果。

（三）提高英语教学效率

教学过程中使用多模态话语理论，可以将学生的各种器官调动起来参与英语学习。多种感官同时对大脑皮层神经进行刺激，有利于学生对英语知识的理解和记忆，从而优化学习效果。例如，在课堂中充分利用幻灯片或投影仪等多媒体设备，通过声音、语言、动作和图像等资源实现交际，营造声、文、光、色与图的互动式教学氛围，以刺激学生学习英语的欲望，提高学生的主观能动性，从而提高英语教学效率。

（四）强化学习记忆

在英语课堂中运用多模态教学模式，可以强化学生的学习记忆，并提高记忆的持久性。经大量的实践研究证明，记忆与获取信息的模态有着密切的联系。而多模态的课堂教学模式注重多种感觉器官并用，恰恰可以帮助学生提高记忆的持久性，使学生对词汇、语法等内容的记忆更加牢固，从而提高学生的记忆效果，提高课堂教学质量。

（五）促进知识内化

在课堂中运用多模态的教学模式，可以将文本的内容生动、活泼地呈现出来，有利于营造真实的语境。在课堂学习的过程中，学生可以亲身接触到不同形式的规范英语，使英语贴近自己的生活，而真实的语言环境可以促进学生摆脱母语的束缚，提高大脑对英语的综合反应能力，便于学生对英语知识的理解和吸收，有助于英语知识的内化。多模态的课堂教学模式要求语言与文化紧密结合。视觉、听觉模态的融合加之语言与文化的自然结合，会让学生在声情并茂的故事表述中不自觉地吸收着英语知识，并将其内化。

（六）提高语言运用能力

多模态在高校英语课堂教学中的应用，可以提高学生的听、说、写能力与英语表达能力，从而提高学生对英语的综合运用能力。

综上所述，多模态话语分析基于系统功能语言学，将语言学、图像、声音、动作等都看作意义的源泉，具有系统性、多功能性。在英语精读教学中，通过协调各个模态或同一模态中不同符号之间的关系，教学可更加顺利、有效地完成。但是也要注意模态的适当使用，避免出现抵消和排斥的现象，影响教学。

第三节　课程思政视域下大学英语教学改革

课程思政旨在构建全员、全程、全课程、全方位的育人格局，使各类学科的教学与思政理论课同向而行，从而在协同效应下完成“立德树人”的根本教育任务。2016 年，习总书记在全国高校思想政治工作会议上发表重要讲话，提出：“高校思政教育要利用好课堂教学这个主渠道，思想政治理论课要坚持在改进中加强，提升思想政治教育的亲和力和针对性。其他各门课都要守好一段渠、种好责任田。”习总书记的重要论述不仅重申了高校继续开展思政教育、深化“立德树人”的重要性和必要性，也为高校思政教育工作指明了具体方向与实践思路。在此背景下，高校应坚决拥护党的领导，积极响应党的政策方针，以“三全育人”理念为指导，将大学生思想政治教育摆在学校教育教学工作的重要位置、落实在学校办学发展的各个层面，要引导全体教师树立思政教育理念，帮助教师通过课程教学改革承担好学生成长成才的引路人和指导者的责任。对于大学英语教学而言，在语言学习的特殊环境下，如何从思想理念到教学内容，再到教学方法与评价机制，全面实现思政教育的融通深化，是高校与教师在教学改革中面临的重要课题。

一、课程思政的内涵与价值

（一）课程思政的内涵

课程思政是当今时代一种新的教育理念，它在上海市社会科学界第 14 届（2016 年）社会科学学术年会专题讲座中首次被提出。现在，各地高校已陆续开启了课程思政的教学改革。课程思政以“立德树人”为教育的根本任务，并且将专业课程与思政课程有机结合在一起，从而来构建一种全员、全程、全课程、全方位的育人格局。课程思政建设的基础在于“课程”，重点在于“思政”。因此，在课程思政的建设过程中，一方面要重视传统思政课程在高校思想政治教育中的核心地位，另一方面要对各类课程所蕴藏的思政教育元素进行充分挖掘，这样多方面的结合可以促使课程教学从单一的专业知识教育拓展至知识素养与道德素养的多方面培养，促进学科知识与人文素养的统一。

（二）课程思政的内在价值

1. 体现育人本质

在高校传统的教学过程中，各学科教师专注于将课本与脑海中的知识系统地传授给学生，课堂的互动局限在专业讨论的范围内，教师只授知识，不授道德素养。这导致了思政课程与专业课程出现分离，课堂上只教书不育人，高校的育人目标往往被忽略掉了。课程思政的出现打破了这种局限，它主张将思政理念灌输到高校各类课程中，通过隐性教育与显性教育的结合，来实现“在知识中传播价值，在价值中凝聚知识”的目标最大限度地促进协同育人的实现。在大学英语教学中，要充分发挥英语学科的特点，以课程思政为载体，将语言知识的传授与社会主义核心价值观的引领有机结合，一方面可以实现高校课堂的人才培养，另一方面可以达到思想品德教育的目标，既传播了文化知识，又体现了育人本质。

2. 助力学生成长成才

课程思政为新时代人才培养提供了正确的方向，它要求新时代的人才既要有过人的能力，又要有正确的思政理念。高校的教师在这种背景下要担负起更加重大的责任，既要教授好专业知识，又必须营造强烈的思政教育氛围，做好新时代人才发展的引路人。马克思认为，教育的最终目标是实现人的全面自由发展，道德教育在人的道德、智慧和美的整体发展中起着主导作用。因此，高校课程思政的独特性对于培养和塑造大学生的世界观、价值观和人生观具有重要作用。大学英语教育肩负着培养国际化综合人才的重任，将思政理念融入大学英语教学中去，可以促使大学生在正确的价值导向下学习英语。

3. 加强学科之间的交流

在人类的历史发展中，在某一个阶段出现了社会分工，自从有了社会分工，每一个个体都会进入特定的行业或专业中。随着人类进化得越来越复杂，分工水平就越来越高，分工程度也逐渐趋于精细化。我们现在所熟知的大学课程就是在这样的分工化与专业化的背景下产生的。而大学中所涉及的必修课、选修课、专业课等因为专业化的原因也会有所偏向，这是社会发展过程中所必须要经历的。但是随着社会的进步与发展，过于专业化的单一学科已经无法解决当代社会各种复杂的问题，跨学科交流、沟通与合作成为一种新的发展需求。课程思政的出现很大程度上解决了这一问题。课程思政通过探究与挖掘隐藏在各类课程中的道德资源与伦理话题，在科学与人文之间搭建起了一架坚实的桥梁，将科学教育与人文教育相互融通，加强了各类学科的合作与交流，促进了科学精神与人文精神之间的融合统一。将思政理念融入大学英语教学课堂，加强了英语学科与政治学科之间的交流，进一步促进了学科的发展，实现了人类文明整体水平的升华。

二、课程思政视域下大学英语教学现状

（一）教师思想陈旧，缺少正确思政观念的引导

当前我们处于飞速发展的信息时代，大学英语课堂的教学工具也随之发生改变。但有些教师陈旧的教学观念限制了英语教学的发展，某些大学英语教师在讲授大学英语课程时非常重视对语言知识的灌输，仅仅把教学当作一种任务，注重学生成绩，往往忽略了教书育人的本质。这些教师脑海中缺少正确的思政观念，无法用正确的价值观去引导学生，这影响了“立德树人”育人观念的深入实施。因而剔除教师陈旧的教学思想是课程思政背景下英语教学改革的首要任务。

（二）课堂过度传授专业知识，难以捕捉思政影子

在社会主义核心价值观的导向下，无论哪个高等院校都需重视思政教育，将思政理念渗透到各科专业教学中。但当前的大学英语课堂往往只注重传授专业知识，缺少思政理念的融入。在大部分大学英语的教学实践中，教师整堂课都在向学生灌输语法、词汇、课文大意等基础要素，一味地传授知识，却不懂得结合思政理念展开教学，课堂学习过于单调。在大学英语课堂上，教师既要传授语言知识，又要传播正确的世界观、价值观与人生观。单纯的英语教育已经不适应时代发展的要求，即使教师将专业知识传授得很具体，也无法使大学生在学习专业知识的过程中主动接受德育教育，也达不到大学生在学习专业知识时增强社会主义核心价值观认同感的目的。

（三）学生注重专业知识学习，缺乏对价值观问题的思考

在新时代下，作为祖国未来希望的大学生们应该在价值观问题上学会思考，但现在的高校学生很少能做到这一点。部分高校学生十分重视英语学习，渴望上进，希望能在专业知识学习方面有所进步，所以在课堂上过度注重对英语知识的学习。他们在这单调、枯燥的学习当中不能与日常生活相联系，只知道一

味吸收，不懂得在学习的同时与价值观问题联系在一起，缺乏思考。课程思政要求将思政教育与专业教育结合在一起对高校学生进行教育，如果高校学生不懂得结合专业知识去思考思政问题，便会使课程思政的实施效果大打折扣。大学生在学习英语专业知识时，忽略掉思政思想，就难以成为我国社会发展所需要的具有综合素质的人才。

三、课程思政视域下大学英语教学改革的必要性

将思政教育元素融入各门课程，以便对学生的思想意识和行为举止产生潜移默化影响的课程思政模式，是高校构建立体多元思政教育模式的路径之一。在此视角下，大学英语还需通过教学改革承接我国重德育、讲礼义的教育传统，以协调大学英语教学的人文性与工具性，进而凸显大学英语的综合教育价值，为深化高校思政教育实践营造良好环境，为学生全面发展创造积极条件。

（一）承接我国重视德育的教育传统

从古至今，我国向来重视道德教化，并在强调“礼教”的总体背景下形成了独具特色的德育观。先秦时期，孔子强调“仁爱”“礼义”“明智”“诚信”，提出了“弟子入则孝，出则悌，谨而信，泛爱众，而亲仁，行有余力，则以学文”，形成了文化学习服从德育需求的“德育至上”思想；老子推崇“尊道贵德”，认为教化学生应当一视同仁，倡导以身作则、以上率下的隐性教育；孟子提倡“持志养气”“动心忍性”“反求诸己”，认为道德教育首先要保持崇高志向，要通过在逆境中的磨砺来锻炼学生的意志，要学会反躬自问，从自身找原因。秦汉时期，董仲舒形成“正谊明道”的德育论，强调“强勉行道”“明于性情”“必仁且智”，认为德育要和智育相结合，注重诱发学生的美好天性，要求人们要将道德修养从认知层面深入外在行为。宋元明清时期，我国也涌现出了朱熹、王守仁、王夫之等德育思想家，他们从不同角度丰富了传统德育的内容与方法。新的发展时期，习总书记提出“要将立德树人作为中心环节”“要把立德树人的成效作为检验学校一切工作的根本标准”“要把立德树人内化到大学建设和管理的各领域、各方面、各环节”。所以，课程思政视域下的大学英语教学改革，是积极响应国家号召，将思政课程进一步发展为课程思政，以构建“大思政”格局的必然选择，也是承接我国德育传统、弘扬优秀教育文化的有力途径。

（二）协调大学英语的工具性与人文性

大学英语作为高等院校通识教育的重要组成部分，具有工具性和人文性的双重属性。一方面，英语教学侧重帮助学生掌握语言技能，为个体实现跨语言

交流而服务，“听”“说”“读”“写”“译”等分类课程具有明确导向性，以提升学生某项语言技能为直接目标，所以从语言的交流工具特征来看，大学英语具有鲜明的工具性。另一方面，语言作为文化的组成部分，本身就是思想文化的重要载体，蕴含着独特的思想意识、价值观念、思维方式，对于拓宽学生视野、提升学生综合素养具有重要作用，因而具有突出的人文性。

尽管当前我国教育理论界依然存在大学英语的工具性与人文性之争，但人们对大学英语兼具工具性与人文性的双重性质，大学英语教育应进一步实现工具性与人文性的统一等方面已达成基本共识。课程思政视域下的大学英语教学改革，就是要改变当前大学英语教学过于偏重工具性的错误倾向，充分挖掘大学英语课程的人文内涵与思政价值。高校与教师要通过教学改革实现技能训练与内容学习的高度统一，特别是在课程思政视域下，如何帮助学生形成国际视野，使学生理性看待中西思想碰撞与文化冲突，怎样透过教学内容找准语言文化背后的共性价值，从而实现对学生的全面引导，是高校与教师在大学英语教学改革中应当深入思考的问题。

（三）凸显大学英语的综合教育功能

大学英语是一门高校低年级学生的公共必修课，具有课时安排密集、学生参与度高等特点，这对凸显课程思政视域下英语教育的综合功能具有重要意义。从学科教育角度来看，教学改革以强化教育效果为根本追求，强调学生通过长期学习所能获得的知识和技能，落实到大学英语教学改革层面，则是通过听、说、读、写、译等综合训练帮助学生掌握英语语言技巧，使学生实现跨语言沟通交流的目的。与此同时，大学英语强调学科教学知识性与文化性的完整统一，所以大学英语教学改革有利于帮助学生增长见闻、拓宽视野。从思政教育角度来看，大学英语属于必修性质的课程，非英语专业学生基本都要展开为期两年的英语学习，这就决定了受众广、周期长的大学英语课程具备更突出的长效教育优势，不仅能为高校课程思政提供优质载体与重要平台，而且有利于高校进一步弥补传统思政理论课时间短、课时少的不足，对高校切实提高思政教育的效率与质量具有重要意义。与此同时，大学英语教材涉及亲情、友情、学习、环保等不同领域，尽管丰富的素材内容具有较为鲜明的目的语背景特征，但其蕴含的教育价值与我国传统思想文化，与我国当代思政教育理念具有诸多共通之处，这对大学生锤炼性格、健全人格、塑造品格具有正向引导作用，能够进一步凸显大学英语课程教学的综合教育价值。

四、课程思政视域下大学英语教学改革的创新思路

课程思政视域下大学英语教学改革的创新思路的关键在于从英语课程教学本身出发，与当前高校“推进思政教育、深入立德树人”实践相协调。英语教学实践中，教学素材要对接德育内容，知识文化要为增强学生文化自信而服务。总体来看，英语教学改革要依托教学本身、围绕教材内容展开，通过行之有效的改革优化实现教育教学综合效益最大化。

（一）以教材挖掘对接德育基本内容

以课程教学支撑思政教育已成为高校深化“立德树人”目标的必然选择，大学英语教学应充分挖掘教材资源，积极寻找与学生德育建设广泛契合和的内容。比如《全新版大学英语综合教程 1》Unit 4 “American Dream” 中 “Tony Trivisonno’s American Dream” 一文以移民为视角阐述美国梦对个体的实际意义。教师在拓展教学中，一方面要着重挖掘主人公通过勤劳与才能为自己寻求改善生活机会的优秀品质，另一方面要进行延伸，引导学生认识“中国梦”对国家、民族以及个人的重要意义，引导学生从现实生活出发为实现伟大中国梦而不断奋斗。再比如《新视野大学英语 6》中 “A Long-Lost History Comes to Light Humans in the Amazon” 。教师在讲解 “Jeans: From Low Beginnings to High Fashion” 一文时，通过讲授牛仔裤的发展演进，深入反映人类社会经济、文化、政治的变化背景。基于此，教师既可以将教学内容延伸至中国传统服饰，带领学生领略我国传统服饰文化的博大精深，也可以就我国种类繁多、形式各异的民族特色服饰引导学生进一步认识我国民族的多样性和各民族相互包容、稳定发展的团结性，进而在增强学生文化自豪感与自信心的同时，提升大学生对我国治国理政方针政策的理解与认可，坚定大学生为民族团结发展积极贡献力量的决心。

（二）以文化对比增强学生文化自信

课程思政视域下的教育教学改革，高校与教师须积极承担时代责任，为培养大学生的“四个自信”、坚定大学生的理想信念而服务。大学英语教学也要着眼于内容建设，教师通过中西方文化对比，帮助学生树立和巩固文化自信。一方面，教师要利用有限的教材内容加强学生的文化认同。英语教材大多以目的语文化为背景形成了相对固化的思维模式和文化认知，偶尔穿插中国文化能有效激发学生的求异心理。基于此，教师要利用好教材中有限的传统文化内容，将传统文化对学生的吸引力优势转化为学生对传统文化的认知与认同，使学生

充分认识到我国传统文化的思想性与教育性。另一方面，教师要通过无限的文化财富增强学生的文化自信。中国优秀传统文化蕴含着丰富的人文情感和思想价值，教师应在日常教学中，有意识、有计划地融入传统文化内容，通过持续性、渗透性的中西方文化对比，使学生认识到中国优秀传统文化的博大精深、源远流长，从而逐步强学生的文化自信。

（三）以教学延伸关照学生现实生活

教师在大学英语教学改革中，应选择与大学生学习、生活、人际交往等方面密切相关的教学内容，并依托教材背景进一步做好延伸分析工作，使英语教学真正成为贴近学生现实生活、关照学生内在需求的综合性学科。以《新视野大学英语 3》的“To work or not to work. That is the question”一文为例，教师应从以下几个方面做好教学工作：首先，教师要做好课文的梳理与讲解。教师不仅要带领和帮助学生准确理解教材内容，还要深入分析课文中针对大学生打工与学习问题做出的各种调查，全面、准确地剖析各种调查的目的与结果，帮助学生了解打工与学习之间的内在关联以及相互作用机制。其次，教师要及时掌握学生的思想与行为动向。就课文中提到的打工还是学习的问题，教师可在课堂展开随机调查，了解学生在求学期间打工的主要目的，掌握学生为打工付出的时间成本、要素结构，以及能够获得的报酬、打工所得的主要用途等内容，从而对学生的总体状态有所把握。最后，教师要做好学生的同步疏导和教育工作。学生打工并非全部出于经济条件考量，即使以“增加收入”为主要目的的学生打工者中，实际只有很少一部分学生必须以此补贴生活费用。所以，教师在教学过程中还应通过课文中的调查结果帮助学生理性看待打工与学习的问题，使学生对当前自身的任务与责任有更清晰的认识，引导学生形成正确的金钱观、消费观，教育学生从个人长远发展和国家建设角度出发，树立远大抱负、坚定理想信念。

（四）以情感培养拓宽学生的国际视野

大学英语的工具性和人文性决定了这门课程的整体价值，即教师要帮助学生掌握语言技巧，为学生实现跨语言沟通交流夯实基础，也要培养学生的情感，使学生能够在国际视野下进行跨文化学习与思考，为学生长远发展创造条件。所以英语教师在日常教学中，不是只灌输语言知识、传授语言技巧，也不是一味地赞扬中国文化，而是将教育教学目标放在价值情感的高度，使学生在提升语言学习和表达能力的同时，能够拓宽视野、锻炼思维，形成有利于自身长远发展的综合能力。这就要求教师在教学实践中以“求同存异”为导向，帮助学生在不同思想、文化的浸润下，养成思辨、求真的科学思维。比如《新视野大学英语 3》的“Achieving Sustainable Environmentalism”一文，从感情用事的环保主义者和理性环保主义者的不同角度出发，阐述人类开展环保活动的根本目的，提出人类的让步、对自身行为的调整是由于人类命运与自然命运密不可分，保护环境的根本原因在于这是我们人类的环境。教师在教学过程中，要以当前实际的生态问题为入手点，着眼于世界范围内的环保与发展问题，并以此为背景向学生介绍我国生态文明建设的必要性和重要性，引导学生认识我国在推动全球生态环境治理中做出的积极贡献，加强学生对我国生态建设工作认识的同时，引导学生从身边点滴小事入手，积极响应国家生态文明建设号召。

五、课程思政视域下大学英语教学改革的实施路径

（一）加强英语教师的思政学习，消除部分教师的旧思想

教师作为人类灵魂的工程师，身上肩负着教书育人的使命。教师的任务是“传道、授业、解惑”，在人们的传统观念中，对教师最深刻的印象就是“授业”，但这样的理解是片面的。课程思政的建设需要结合这三个方面，同时进行“传道、授业、解惑”，且要以“传道”为主。高校传授英语课程的教师在对学生进行专业教育的同时，务必要努力成为先进思想文化的传播者、党执政的坚定支持者、学生健康成长的指导者和引路人。英语学习对多数学生来说是枯燥的，他们本来积极性就不高，教师若不能及时消除脑海中的陈旧思想，势必会对学生产生误导。学生的学习需要教师的带动，教师品德的好坏是学生能否成长、成才的关键。教师只有通过修身养性，提高自己的内在素质和道德境界，才可以帮助学生树立正确的人生观、价值观和世界观，从而在根本上帮助学生学习。

（二）将思政理念融入课堂，以学生为中心开展教学

传统的英语教学以教室为中心展开，学生学习的积极性不够高。将传统的以教室为中心转变为以学生为中心，这种教学方法将课堂的焦点聚焦在学生身上，可以充分发挥学生的主观能动性，促使他们积极学习与探索英语知识。同时在教学时，教师要深入挖掘课堂思政色彩，指导学生在学习实践时体现思政理念。教师在英语课堂授课时，除了传授专业的语言知识，还需要深入挖掘英语教材中所蕴含的传统文化。

（三）最大化思政教育，启发式提问引导思考

大学英语教育的目标是要培养一批综合素质强、德才兼备、将社会主义核心价值观牢记于心的国际化人才，这就要求学生必须要具备结合专业知识思考社会问题的能力。因此，深入挖掘思政教育内容，启发学生在学习专业知识时思考价值观等问题是当前大学英语教学改革的一条可行路径。例如，在大学英语授课时，教师可以根据授课内容以及学生水平分组教学，让学生讨论在学习与生活中遇到不道德行为时该如何制止，或探讨如何引导周围的人树立正确观念等。

（四）营造思政氛围，建设校园文化

语言的学习需要良好的环境，创造一个锻炼英语表达能力的环境对英语学习有推动作用。思政教育也是如此，一个具有强烈的思政氛围的校园更有利于学生将知识与价值观结合在一起。大学生在校园学习英语时，为他们营造一种思政氛围，在课堂内外随时随地传播正确的思政思想，使学生明确地感觉到社会主义核心价值观的力量，让思政理念融入校园文化，促使学生在正确的价值观引导下学习英语，这样才可以帮助他们成为社会主义建设所需要的优秀人才。

大学生是民族发展的希望，是国家进步的根本所在。加强大学生的思想政治教育是我国教育领域必须要重视的事情，对社会发展有着深远的影响。大学英语作为学校教育中必不可少的一门课程，其发展情况不容忽视。以课程思政为导向，将思政理念融入大学英语教学中，可以引导学生树立正确的价值观，提高学生的学习积极性，改善师生关系，提高课堂效率，提升大学生思想政治教育质量。

第四节　教育生态学视角下大学英语教学改革

一、教育生态学理论

学术界普遍认为“教育生态学”这一理论术语是由美国学者劳伦斯·克雷明于 1976 年在其著作《公共教育》一书中正式提出的。我国对教育生态学的研究晚于西方。进入 21 世纪以来，由于受瞬息万变的自然环境、社会环境及经济全球化等多方面因素的影响，人们对生态问题的关注愈加强烈，对优质、高效的生态教育的期待更是逐渐增长，这些均促使教育生态学的相关研究日趋兴盛。多年来，教育生态学的基本理论引发了国内外学者的广泛研讨，将理论

应用于微观教育学科的实践研究也取得了许多有影响力的研究成果。

教育生态学是20世纪70年代中期兴起的跨越教育学和生态学两个领域的一门交叉学科，是生态学原理及研究方法在教育学中渗透与应用的产物。具体来讲，生态学是研究生命系统和环境系统之间相互作用的规律和机理的；教育学则是研究教育发展规律以及社会对教育的影响和教育在社会发展中的地位和作用的；而教育生态学是以教育学和生态学作为理论基础，借鉴这两门学科的研究方法并有所发展，依据生态学的基本原理特别是生态系统、生态平衡、协同进化等原理与机制，研究各种教育现象及其成因，进而掌握教育发展规律，揭示教育的发展趋势与方向的一门教育学分支学科。

教育生态学提倡把教育放置于自然环境、社会环境、规范环境中，研究生态环境以及人的生理、心理环境中各种生态因子对教育所起的作用和它们的相互关系，通过探究不同层次的教育主、客体与周围生态环境因子之间的关系，旨在为教育生态主体的良性发展建立一个科学合理的生态环境。它所揭示的教育生态结构、教育生态功能、教育生态原理、教育生态规律、教育行为生态、教育生态演替、教育生态检测与评估等多方面内容，与教育学和生态学的其他分支学科在内容和方法上都有着千丝万缕的交叉和联系，彼此间相辅相成、互相促进。目前，国际上对教育生态学的理论研究十分热烈，虽然总体上遵循了生态价值观，但由于彼此间在研究重点、研究目的及研究范式方面的差别，势必产生了一定的观点分歧。

美国学者克雷明等人认为应以教育为研究主体，并研究教育与生态环境的关系。他在《公共教育》一书中指出，在教育生态学的研究当中，要运用生态学的原理与机制来考察“教育”，用生态学的思维方式来思考现实教育问题。我们可以把教育理解为一个有机的、有别于其他层次生态系统的、相对独立的社会子系统，它与其周围的生态环境是紧密联系且受其影响的。因此，教育生态学旨在研究教育和能够对教育产生作用的生态环境（如自然、社会、文化等）以及二者之间相互联系与作用的机理。

中国台湾学者方柄林以生态环境因子为主体，重点研究各种生态环境与教育的关系，并着手建立环境对教育的影响体系。中国学者吴鼎福、诸文蔚合著的《教育生态学》一书则倡导应把上述两种体系统一起来，从教育与其周围的生态环境的彼此作用和相互关系入手，以教育系统为研究主轴，剖析教育的生态结构与生态功能，同时，以教育的生态系统为研究横断面，继而扩展开来，建立起纵横交错的网络系统结构，并集中阐述其原理，揭示出教育生态的基本规律。基于这一点，教育的内部结构、生态分布及生态功能应成为教育生态学的基本研究对象；探究各个层次中的教育生态机理是该学科的主体研究过程；全面探讨教育领域中教育主、客体与各种生态因子间的相互关系，并分析这些生态因子对教育作用的机理是研究的总体目标。

综上所述，教育生态学是研究教育及其因子与周围生态环境（包括自然的、社会的、生理的、心理的）之间相互联系与作用的规律和机理的科学。在教育事业蒸蒸日上的今天，它强调人们要把教育与其赖以生存的生态环境联系起来，动态培养并发展教育过程中的生态意识，以整体论和系统观的研究视角来解析并联系教育生态的各种构成因素，达到提高教育质量与教学效率的综合实践目标，并最终在宏观和微观双重层面上实现教育的全面、可持续发展。

二、生态化教学模式

生态化教学模式的构建与实施离不开具体的课堂教育这一生态系统环境，如果我们想要了解什么是生态化教学模式，就有必要先对“生态型课堂”的含义给予界定。一些教育界的专家学者从生态学角度出发，把教育视为一个系统，并由此提出“教育生态系统”这一概念。以研究对象作为分类标准，教育生态系统可分为宏观和微观两类层次系统。宏观教育生态系统主要研究国家的整个教育体系，而微观教育生态系统则主要研究学生、教师、教材、教学设备及教室设施等各项课堂教学系统的组成因素。如果微观教育生态系统中的各生态因子达到了综合的动态平衡，课堂教学也就实现了生态化发展，那么教学活动所依赖的动态平衡发展的课堂环境即可被称为“生态型课堂”。生态型课堂致力于把生态学的一些原理运用到课堂教学实践中来，把课堂教学看作一个微观的生态环境，通过研究其生存发展的影响因素，提出相关教学策略与解决方案，使课堂真正发展成为有利于生态个体成长的开放、平衡、可持续的良性生态系统。

生态化教学模式是教学模式健康发展的方向，它既是在生态型课堂的教学实践中逐步探索形成的，同时，它的构建又能反过来促进课堂教学的生态化发展。这一模式以教育生态学为理论指导，践行“以生为本”的教育理念，根据学生的能力层次与知识需求来设计多维互动等多种形式的教学活动，通过平衡若干教学组成要素及生态因子的生态位关系，促进学生在良好的人工条件下自然、和谐、自由地成长发展。模式的构建旨在综合考虑学生学习的内外部压力、学生天性及社会规范要求等客观因素，利用生态主体师生的主观意识和积极情感开发调动教学认知等机体活动，创设和谐平衡、充满关爱的课堂人际气氛，让学生拥有独立自主、自由开放、合作探究学习的课堂生态环境。

生态化教学模式在课堂教学的实践应用中不应仅体现在单一教学模式的合理布局上，更要力求实现多种教学模式之间的互补适应、共存发展，即针对不同的教学内容、特定的学生群体、多变的教学环境，选择恰当的教学模式进行资源优势互补。需要注意的是，要真正实现教学模式的生态化，就应该根据实际教学需要来实现各种教学模式的兼容适应，避免简单地把传统先进的教学模式直接套用进新型课堂，造成新一轮的教学失衡。

三、大学英语生态课堂的本质

教育作为影响人身心发展的社会实践活动，多年来一直强调人的重要性，关注人的身心发展。大学英语生态课堂一样十分在意学生生命的进一步变化与更新。生命的变化与更新体现为在校学生个人的变化与更新。学生个人的变化与更新重点展现为维持自身喜欢探究不了解事物的心理状态，加强在不同的环境里觉察问题、探求知识的欲望，提高处理问题的能力，促进个人身体和精神的健康发展，提高与别人相处交谈的能力，增强对于我们的民族、国家、社会的那份责任感。教育所针对的不是个别学生，而是要让所有的学生都能学到真本领，具备生存的能力。而且在校生整体的进一步变化与更新以及持续性变化与更新是我们的教育一直以来所追寻并且想要达到的境界，就是这样的一个目标，里面包含了教育对于学生生命成长与发展满满的关心与关注。正因为如此，笔者才说大学的生态型英语课堂的本质就是学生生命成长与发展的一个过程，学生以生态型课堂为媒介汲取自己生命走向成熟、摆脱稚嫩所应该有的养分，并且还利用信息、能量和物质交换这种形式，反过来对生态型课堂模式起到好的作用，为别人生命的进一步变化与更新打造出良好的前提。

四、大学英语生态课堂的特征

大学英语生态课堂存在以下几个非常明显的特点。

（一）整体性

我们所说的存在于生态课堂之中的整体性特征，也就是将大学的英语教学课堂当成了一处小范围拥有生态系统的环境，其意义在于掌握生态型课堂当中的每一个元素以及在它们当中的互相作用及联系，用最大的能力去把每一个元素在生态环境中所处的位置调整到最佳，努力去削减存在于其中的限制性元素的数量，从而减少限制性元素引起的不良反应，使得生态功能能够在大学英语课堂中发挥出最好的效果。依照作为生态学基本视角之一的整体观可知，存在于大学英语课堂当中的任意一个元素发生改变之后，都一定会引发一系列的相关反应，从而就会破坏课堂里那些本来拥有的生态平衡状态，打乱课堂有规律的发展方式。

（二）多样性

所谓多样性，首先是指生态课堂因子的多样性，这些因子包括教师、学生、教学内容、教学环境、教学方法等。其次是指每个因子本身特征的多样性，例如，作为课堂生态主体的学生具有不同的性别、年龄、学习动机、学习策略、学习风格和自我效能感。

多样性既是大学英语生态课堂的内在规定性，同时也是各个因子的内在规定性。大学英语课堂教学因遵循这些因子的内在规定性，不以强制的外在力量去约束学生，而是从学生生命成长的实际需求出发，通过精心的教学设计和合理的资源配置，因材施教，从而使每一个学生在生态课堂上大放异彩。

（三）共生性

所谓共生性，是指大学英语生态课堂主体之间的相互联系和相互作用。在校学生及任职教师担当大学英语生态型课堂当中的主要组成部分，他们的共生性大致从以下几个方面体现：首先是偏利共生关系，也就是说生态主体之间的相互作用，仅仅对一方有益处，而不会对另一方产生任何的作用。那些主要通过教师讲授来传递知识的传统型课堂，非常容易产生这种偏利共生的关系。其次是无关共生关系，也就是说生态主体之间互相作用于彼此，虽然不会产生好处，但也不会产生坏处，出现这种现象的关键在于学生和学生之间、教师和学生之间缺少信息、能量和物质的交换。最后是互利共生关系，也就是说元素之间的互相联系与作用都是向上的，可以使得双方相互促进成长，比如说教师和学生之间存在的教与学相辅相成的这种关系，还有学生和学生之间团结互助的合作关系。这种关系因为可以帮助减少生态型课堂当中因内部纠葛而形成的无谓消耗，大大提升了在单位时间完成的教学工作量，因此格外受到大学英语生态型课堂的喜爱和重视。

（四）开放性

所谓开放性，是指生态课堂及其因子不是封闭的和一成不变的，而是不断地与外界进行物质、能量与信息的交换，探索适合自身发展的生态位。第一，对于外国语言的教学，我们要突破传统课堂在教学过程中对于时空的限制，努力将课堂所授内容拓宽到与社会紧密相连的部分，指引学生开阔自己的视野，不仅仅局限于教室这个小课堂当中，要走出去体验社会，进入社会这个大课堂当中，加强对于课堂学习内容与课外实践之间的联系，重视课内教学与外部社会之间的相互联系。第二，教学方法、教学内容、教学目标等元素必须始终站在时代前列和实践前沿，唯有如此才可以满足学生生命进一步变化与更新的需要和要求。一直以来，大学的英语语言教学就单纯夸大其工具性这个功能，无视了对其人文性这个功能的关注，导致现阶段大学英语语言的教学止步不前。全新的课堂教学需要兼顾对于语言人文性和工具性的重视，在重点加强在校生进一步掌握更新语言的能力的同时，也需要突出关注对于学生人文素质的教育和训练。生态型课堂所具备的开放性特点给大学英语语言的教学带来了新鲜的血液，使之充满了生机。

（五）动态平衡性

所谓动态平衡性，是指大学英语生态课堂沿着“平衡—不平衡—平衡”的轨迹发展。动态平衡性是生物、生命系统与环境科学这门学科的中心思想，同时还是大学英语生态型课堂最主要的理念。依据生态型课堂当中所存在的这种动态平衡性，我们知道，存在于大学英语生态型课堂当中的平衡仅仅是短暂的存在，伴随着元素之间互相作用和不同变化，原来存在于生态课堂当中的平衡被破坏，而且如若原来存在的平衡被破坏了，那就必须再创建一个新的平衡。例如，若学生输入的语言达到了足够的量，再次输入的时候就会出现对语言输出的抵触，那样的话教学辅导工作也理应根据这个规定进行改变。换句话讲就是，语言在输入阶段的原有平衡被打破了，这就需要我们再次创建一个全新的平衡。其实这个过程的存在也就是哲学上所讲的量变积累到一定程度必然引起质变的过程，多亏了这个过程，学生的人文素质和语言能力都得到了一定程度的提升，他们的生命也就有了进一步的改变与更新。大学英语生态型课堂这样的轨迹发展过程，其实也就是学生生命进一步改变与更新时切实所经历的。

五、教育生态学视角下大学英语教学深化改革的问题

基于教育生态学视角审视大学英语教学现状可以发现，教育生态学视角下，大学英语教学的课程生态、技术生态、师生生态、环境生态等方面不仅有新变化而且有新需求，对此，需要紧抓教学生态学理念的内涵，深入分析大学英语教学生态优化的困境，探索大学英语改革创新之路。

（一）教育生态学视角下大学英语教学课程生态问题

基于教育生态学视角对大学英语教学课程的生态现状展开调查，可以将其存在的问题总结为以下三个方面。

首先，课程设置方面。我国教育部于2007年颁布了《大学英语课程教学要求》，其中明确提出鉴于全国高校各种教学要素的差异，各高校应在总要求的指导下，依据学校实际情况制订科学化、系统化、个性化的大学英语教学大纲，以此指导本校大学英语教学。但随着人们对教育生态学理念认知的不断深入，全校统一的英语教学大纲慢慢不能满足学生的英语学习需求，学生进一步期待可以在校本教学大纲的基础上，基于专业特性与个人需求进一步提升英语课程的个性化设置。

其次，课程实施方面。客观而言，目前传统教学观念余威仍在，部分大学英语课程在实施过程中依然以教师为中心，这与教育生态学内涵中"以学生为中心"的理念相悖。此外，目前大学英语教学课程实施存在的另一个问题是其受到局部生态环境的限制，即大学英语课程的实施被局限在封闭或半封闭的教育系统内缺乏与社会的交流与沟通，在局部生态环境束缚下学生难以通过英语课程提升自身的实践技能与综合素养。

最后，课程评价方面。随着大学英语教学改革工作的开展，大学英语课程评价正积极向多元化方向发展，目前呈现出教师与学生间交叉互评的局面，但在这个过程中来自外界（如社会或企业）的职业性评价仍不被重视。此外，评价手段单一，结果性评价与理论性评价占比过多，同样是目前课程评价存在的突出问题。

（二）教育生态学视角下大学英语教学技术生态问题

教育现代化背景下，大学英语教学逐渐加强对现代信息技术的应用，新教学元素的融入打破了原本的英语教学系统平衡，在带来创新发展机遇的同时，同样面临一些挑战。

首先，现代信息技术在大学英语教学中的地位尴尬。现代信息技术融入大学英语教学系统中，系统内其他元素开始出现功能失调问题，各主体面对一个较为陌生的环境，受固有观念或习惯的影响，会在不同程度上阻碍新元素的融入与作用。比如学生不适应新的教学方式，对现代化教学行为有抵触心理。此外部分教师坚持传统的教学观念，不愿意提升自身的信息素养，不愿意转变教学模式，对现代信息技术融入的英语教学改革采取消极抵抗的方式，由此阻碍了现代信息技术融入下的大学英语教学新生态系统平衡的形成。

其次，信息技术的融入未能与原有系统中的其他元素发挥协同促进作用。教育生态学视角下的英语教学系统由多种元素构成，信息技术元素与原有元素间既存在同向作用力又存在反向作用力。因此对于信息技术应视情境应用，但在现实中对现代信息技术的应用大多属于硬性输入，缺乏对其相适性的重视，由此导致各元素之间的生态失衡，难以有效发挥整体效能。

最后，信息技术融入导致系统信息流通失衡。微信、QQ、电子邮箱等现代信息的融入拓宽了信息交流的渠道，提升了信息流通的便捷性，但同时主体间的直接交流与情感交流减少，如此导致信息流通系统的失衡，并且会在一定程度上导致信息传递的失真。

（三）教育生态学视角下大学英语教学师生生态问题

教育生态学视角下我国大学英语教学中的师生角色存在失调问题。在理论层面，教育生态学视角下，教师与学生被赋予的角色应逐渐呈现多元化特征。对教师而言，其角色被动态定位，在课前其是课程的设计者与开发者，在课中是课程的组织者、培训者与评价者，在课后又转变为学生学习的协助者与学习资源的提供者。对学生而言，在教育生态学视角下，其作为教学活动的中心，既是信息的收集者与整理者，同时也是教师教学与同学学习的合作者，此外，学生又是自身及他人的评估者。由此可见，在教育生态学视角下教师与学生的角色都发生了较大改变，但反观大学英语教学现状，传统的教学和学习观念依然发挥主导作用，师生双方均难以轻松实现角色期待。对教师而言，其受自身精力与能力限制，难以实现多重角色功能，对学生而言，其多重角色功能实现的前提是自身拥有学习的自主性，但这需要成熟的教育大环境做支撑。目前我国高等教育改革仍处于探索阶段，难以全面满足师生对角色转变的条件需求。角色期待与角色现实存在巨大差异，导致师生角色认知的茫然，由此造成师生角色失调问题。

（四）教育生态学视角下大学英语教学环境生态问题

区别于之前对课程生态、师生生态及技术生态等对大学英语教学课堂内部环境的生态内容的研究，此处的教学环境生态主要指大学英语教学的外部环境，具体包括家庭环境与社会环境。

首先，家庭环境方面。教育生态学视角下家庭作为教学系统的一个构成元素，其功能价值逐渐被重视，但在现实中，我国家庭环境因素的影响力降低，亲子间心理关系日趋疏远，由此导致家庭教育功能弱化，难以支撑家校合作体制的有效运行。

其次，社会环境方面。在教育生态学视角下大学是社会系统的一个重要组成部分，社会传统文化、人文特点、社会生产生活方式等都会对大学英语教学目标、教学内容、教学手段等学校生态因素产生影响。但近几年，随着我国高校的不断扩招，部分大学盲目拓展自身的办学空间，比如在郊区建设大学城，忽视学校与社会环境连接的重要性与必要性，造成学校与外部社会环境的严重脱节，由此导致学生学术视野降低、实践能力不足，使其出校园后难以适应现代社会的发展节奏，难以满足现代社会的人才需求。

由此可见，对大学英语教学外部环境失调会反作用于其内部环境，不利于大学英语教学生态体系的构建。

六、教育生态学视角下大学英语教学深化改革的有效路径

教育生态学视角下大学英语教学改革路径的探索，指的是借鉴生态学的观点与原则构建大学英语教学的可持续发展之路，立足长远发展对大学英语教学的各项工作进行组织与实施，以期保持大学英语教学的可持续发展。

（一）基于需求分析课程理论，构建多元化大学英语课程生态体系

首先，明确生态化课程目标。教育生态学视角的落脚点在于人的生存与发展，在此应基于学生身心发展需求，进一步尊重专业与学生个体差异，对课程目标进行设计。同时，要紧密联系社会与文化发展要求，注重课程内外的立体联系，通过与社会组织、企业构建联系，融入互联网、移动通信等新媒体技术，使大学英语课程由平面化走向立体化。

其次，构建生态化课程实施过程。教育生态学视角下的课程实施应遵循以下几个原则：其一，系统性原则，即课程实施不仅要考虑课程目标、课程内容等微观因素的影响，同时要考虑到政治、经济、文化系统等宏观因素与课程系统间的相互关系；其二，自组织原则，即充分重视学生自身的能动性，通过课程实施推动学生自组织能力发展；其三，差异性原则，即在课程实施过程中采用多样化教学方法与教学模式，尊重并保护学生的差异性；其四，互动性原则，即生态化课程体系中各元素间是相互依存、相互作用的，学生、教师、环境、信息等元素间是良性互动的，共同维持课程系统的和谐状态。

最后，实施生态化课程评价机制。具体体现为评价主体的多元化，即将家庭、学生、教师、社会等主体均纳入课程评价主体中；评价方式的多元化，即综合

运用质性评价、量性评价与元评价等评价方法；评价内容的多元化，即将课程实施过程中的多项内容纳入评价体系，如课程目标、课程效能、学生学习态度、课程评价过程等。

（二）加强技术融合，构建现代化大学英语教学技术生态体系

首先，要创新各主体的大学英语教学观念，客观认识现代信息技术对大学英语教学改革的积极促进作用，以学生为中心，以综合能力培养为目标，服务学生的个性化、探究性学习，以此提升学生对信息技术融合的接受度与认可度，推动现代化大学英语教学技术生态体系构建。

其次，针对教学需求的多样性、教学目标的多元性及教学对象的层级性，充分考虑不同网络媒介的优势与劣势，有选择地使用信息技术，以此开发和建设具有层次化、差异化的信息化英语教学课程，加强信息技术与不同教学情境的相适度，形成各元素间的最大合力，推动现代化英语教学系统整体效能的发挥。

最后，构建多维互动教学环境。教育生态学视角下的大学英语教学应是多维交互的，在不断加强教学与技术融合的同时，也不应放弃传统的教学情境，充分尊重主体间的“原始”互动，因为复杂多元的交互关系是构建稳定的英语教学生态体系的必要前提。

（三）打造“师生共同体”，构建生态化大学英语教学师生生态体系

在理论层面上，构建生态化师生生态关系的内在逻辑包括以下两个方面。

首先，学生去客体化。学生应充分认识自身的主体价值，构建主体意识，基于主体能动性自发学习知识，提升自身素养。

其次，教师主体化回归。教育生态学视角下的教师主体化回归，区别于传统教师介入学生学习行为的主体功能，指的是教师对自身教学行为进行自控的主体功能。

学生去客体化与教师主体化回归，体现的是教育生态学视角下教学各元素主体地位的平等性。具体而言，师生双方处于平等主体地位，需要以下几个条件做支撑。其一，打造师生学习共同体，以师生相互尊重信任为前提，以统一目标为导向，师生间共享知识、积极合作、互相启发，推动师生共同成长、共同进步。其二，打造师生命共同体，即回归生命本质，关注师生生命成长，重视师生情感交流与心灵互通，以此构建更加和谐的师生关系，巩固师生共同体。其三，打造多元化师生交流渠道，比如利用互联网技术拓展师生交往时空，或

者鼓励师生共同参与教学活动等，通过加强交流与互动，使双方更加认可彼此的主体地位与功能。

（四）坚持共享共建，构建立体化大学英语教学环境生态体系

坚持共建共享，加强大学英语教学内部环境与外部环境合力，推动大学英语教学形成外向型生态体系。

第一，重新激活家庭的教育功能。家长首先要转变自身教育观念，重视自身素养提升对学生的教育引领作用。家长应加强与学生的互动，关注学生的思想、情感与精神动向，以此提升学生对家庭等依恋度，进一步强化家庭对学生的引导作用。在家庭教育功能回归与强化的同时，学校应正确认识家庭教育在学校教育中的重要价值，构建有效的家校合作生态体系。

第二，充分发挥社会环境的协同作用。教育生态学视角下的大学英语教学体系应体现出多样性与开放性，实施开放办学，联通内部与外部环境，加强教学内部环境对社会外部环境的适应力，以此提升其整体的社会竞争力。如“政产学研用”理念的提出，就是将教育与政治、产业、科研及用户等多个体系联合在一起，多方共建，优化教育生态体系。

参考文献

[1] 束定芳. 外语教学改革：问题与对策 [M]. 上海：上海外语教育出版社，2004.

[2] 冯莉. 大学英语语法教学理论与实践 [M]. 长春：吉林出版集团有限责任公司，2009.

[3] 张全，范应红. 英语教学改革理论与实践研究 [M]. 昆明：云南大学出版社，2014.

[4] 余金燕. 基于微课的大学英语教学改革研究 [M]. 北京：中国纺织出版社，2019.

[5] 庞云玲，陈娟. 信息化背景下的大学英语教学改革 [M]. 北京：中国纺织出版社，2017.

[6] 肖礼全. 英语教学方法论 [M]. 北京：外语教学与研究出版社，2006.

[7] 李冬梅 . 系统功能语言学框架下英语翻译研究 [J]. 吉林广播电视大学学报，2020（7）：30-32.

[8] 李冬梅 . 性别差异视域下的高校公共英语教学策略 [J]. 黑龙江教育学院学报，2019，38（12）：134-136.

[9] 李冬梅，张红 . 论我国英语媒体国际传播公信力的构建 [J]. 新闻战线，2018（18）：37-38.

[10] 李冬梅 . 语类理论应用于大学英语口语的教学模式探索 [J]. 黑龙江教育学院学报，2017，36（2）：139-141.

[11] 胡开宝，谢丽欣 . 我国大学英语教学的未来发展方向研究 [J]. 外语界，2014（3）：12-19.

[12] 黄伟 . 多模态环境下大学英语听力教学实证研究 [J]. 外国语文，2016，32（6）：150-156.

[13] 张艳 . 影响大学生英语听力水平的因素及对策研究 [J]. 海外英语，

2010（12）：158-159.

[14] 杨洋．英语口语教学的创新思路分析 [J]. 山西青年，2021（17）：115-116.

[15] 白晓玲．情境教学法在大学英语口语教学中的应用 [J]. 校园英语，2020（47）：6-7.

[16] 陈国萍．大学英语阅读教学方法的改革与创新探索 [J]. 智库时代，2019（22）：132-133.

[17] 刘明东．图式理论与大学英语阅读教学 [J]. 国外外语教学，1998（4）：28-30.

[18] 王楠．大学英语写作教学中思辨能力培养路径研究 [J]. 校园英语，2021（37）：27-28.

[19] 刘凯，张炼．课程思政视域下大学英语写作课教学模式研究 [J]. 英语广场，2021（18）：112-115.

[20] 韩飞虎．教育生态学视角下的大学英语写作教学研究 [J]. 英语教师，2021，21（2）：97-99.

[21] 赵元元，王青．课程思政视角下大学英语教学改革的新思路 [J]. 湖北经济学院学报（人文社会科学版），2021，18（1）：157-160.

[22] 张妮妮．新时代背景下大学英语教学改革探究 [J]. 英语广场，2018（1）：60-62.

[23] 严梦娜．大学英语教学改革存在的问题及其对策 [J]. 教育评论，2014（6）：121-123.

[24] 常卫萍．“互联网 +”时代背景下大学英语教学改革措施探究 [J]. 英语广场，2018（12）：83-84.

[25] 贾玉琰．新课程改革下大学英语课堂教学反思 [J]. 才智，2020（1）：136.

[26] Li D M. Design of English text-to-speech conversion algorithm based on machine learning[J]. Journal of Intelligent & Fuzzy Systems，2021，40（2）：2433-2444.